U0870870

志愿服务丛书
VOLUNTEER SERVICE SERIES

志愿者基础理论

ZHIYUANZHE JICHU LILUN

主编◎高　健

南京出版传媒集团
南京出版社

图书在版编目（CIP）数据

志愿者基础理论 / 高健主编 . -- 南京 ：南京出版社，2020.11

ISBN 978-7-5533-3011-2

Ⅰ . ①志…　Ⅱ . ①高…　Ⅲ . ①志愿者—社会服务—研究　Ⅳ . ① C916

中国版本图书馆 CIP 数据核字（2020）第 158749 号

丛 书 名　志愿服务丛书
书　　名　志愿者基础理论
主　　编　高　健
出版发行　南京出版传媒集团
　　　　　南 京 出 版 社
　　　社址：南京市太平门街53号　　邮编：210016
　　　网址：http://www.njcbs.cn　　电子信箱：njcbs1988@163.com
　　　联系电话：025-83283893、83283864（营销）　025-83112257（编务）

出 版 人　项晓宁
出 品 人　卢海鸣
责任编辑　张　龙
装帧设计　王　俊
责任印制　杨福彬

排　　版　南京新华丰制版有限公司
印　　刷　南京鸿图印务有限公司
开　　本　787毫米×1092毫米　1/16
印　　张　12.25
字　　数　180千
版　　次　2020年11月第1版
印　　次　2025年7月第2次印刷
书　　号　ISBN 978-7-5533-3011-2
定　　价　30.00元

南京出版社
图书专营店

丛书编委会

主　　任　司　勇

副 主 任　张迎春　潘文卿　周　亮

委　　员　汤江林　施静芝　杨文燮　陈爱华
张　曙

丛书主编　周　亮

分册主编　高　健

统　　筹　张　龙　王　欢　叶　菁

总 序

※

习近平总书记指出："志愿服务是社会文明进步的重要标志。党的十八大以来，广大志愿者、志愿服务组织、志愿服务工作者积极响应党和人民号召，弘扬和践行社会主义核心价值观，走进社区、走进乡村、走进基层，为他人送温暖、为社会作贡献，充分彰显了理想信念、爱心善意、责任担当，成为人民有信仰、国家有力量、民族有希望的生动体现。"

作为中国志愿服务事业的重要组成部分，青年志愿服务事业是党领导的共青团在新的历史条件下创新工作领域、服务社会需求的一大创举，极大地鼓励了亿万青年投身志愿服务的行列。为了进一步推动青年志愿服务事业的发展，弘扬志愿精神，宣传志愿文化，规范志愿服务组织和队伍的建设，共青团江苏省委根据共青团中央《中国青年志愿者行动发展规划（2014—2018）》和《关于加强青年志愿服务培训工作的方案》的有关要求，依托江苏省志愿者协会高校志愿服务专业委员会，结合志愿服务的工作实践，策划、编写了这套志愿服务丛书。

作为国内首套全方位、多领域、成体系指导志愿服务工作的丛书，其具有以下三个特点：

第一，权威性。本丛书自策划之始，严格按照共青团中央《中国青年志愿者行动发展规划（2014—2018）》和《关于加强青年志愿服务培训工作的方案》相关要求，结合纷繁复杂的具体情况，进行理论升华，构建了一个既有严密理论基础，又有广泛实践支撑的编写体例，保证了丛书的科学性和权威性。

第二，系统性。本丛书的编写过程是对青年志愿服务工作有关的内容加以系统化、规范化的创新工程。相比之前其他地区或部门总结的相关经验，本丛书无论是实践工作的横向跨度，还是理论支撑的纵深度，均体现出由点及线，再由线到面的系统性和专业性。

第三，实用性。本丛书包括通识类和分领域两个系列。其中分领域志愿服务涉及扶贫、环保、助残、关爱农民工子女等热点领域。如何让更多的青年志愿者在相对有限的时间内了解并掌握服务宗旨、服务内容、服务技能等知识，对于志愿服务项目的成功与否具有决定性的影响。本丛书的编写者均为具有丰富志愿服务活动组织、协调、推广经验的高校教师，了解组织志愿服务活动的关键“穴位”，更具有举一反三、提纲挈领的总结归纳能力。因此，本丛书极具实用性，可以作为青年志愿者参与各类志愿服务活动的实践指南。

希望本丛书的编写、出版，能够进一步加强教育引导，强化广大青年志愿者的志愿服务意识，提升专业领域志愿服务水平，为今后青年志愿服务事业的蓬勃发展奠定良好的基础。希望青年志愿者努力践行社会主义核心价值观，以实际行动书写新时代的雷锋故事，以青春梦想、用实际行动为实现中国梦做出新的贡献。

前言

※

科学的理论是对事物发展内在规律的深刻揭示，是引领实践的行动指南，是任何事业在正确的轨道上蓬勃发展的必要条件。这一论断，对于我国志愿服务事业的进一步发展尤为重要。在实践中，不断出现的新情况、新矛盾，提醒每一名中国志愿服务事业的参与者，要高度重视并加强对志愿服务事业的理论学习和研究，在思想上和行动上高度统一，最终实现志愿服务事业“发展有方向，实践有依据”。

《志愿者基础理论》是“志愿服务”丛书中的理论分册，主要着眼于研究我国志愿服务事业的主体——志愿者，以及与志愿者相关的志愿服务、志愿服务组织等内容，旨在为构建具有中国特色的志愿服务理论体系奠定基础，为实践志愿服务事业提供指引。本书具有以下特色：

立足理论，面向时代。本书通过回顾志愿者的历史，探究志愿服务的理念起源，分析志愿者的价值、类型，解读志愿精神及志愿文化，并将国内外志愿者发展现状加以对比分析，阐述了我国当代志愿精神与志愿文化的价值功能，指出了我国志愿文化未来的发展趋势——“立服务之本，思开拓创新”，在继承发扬优良的传统志愿服务精神的基础上，让志愿精神和志愿文化发挥更大的时代价值。

内容翔实，案例经典。本书引用志愿服务实践中的经典案例，梳理出志愿者在实践过程中需要坚持的原则以及需要了解掌握的知识和技巧；介绍我国目前志愿者的发展现状，在志愿者招募与选拔、培训与提升、督导与激励等方面均提出指导性意见；融入我国志愿者在志愿服务实践中获得的新经验、新方法，对志愿服务组织的建设提出了更高的要求和目标。案例作为对主体内容的补充，类型丰富，通俗易懂，实践性强，通过实例记载与比较分析阐明深刻的道理，具有较高的参考价值。

本书各章节内容凝练，结构紧凑，由浅入深，可读性强且具有实际指导意义，不仅可以作为志愿者自学的研学读物，也可以作为高等院校和志愿服务组织开展相关培训的参考资料。

目录

第一章　志愿者

第二章　志愿精神与志愿文化

第三章　志愿者基础理论

第四章　志愿服务

第五章　志愿服务组织

第六章　志愿服务组织建设

第七章　志愿者权益保护

第一章

志愿者

志愿者，就字面的解释，是指以自己的时间、知识、技能、经验等从事志愿服务的自然人。

从国际经验来看，志愿人员是社会发展过程中一股巨大的人力资源，对于改善公民的生活质量，提高公民的素质，促进社会融合都具有特殊的意义。随着社会的进步和人们生活水平的提升，志愿者会大有所为，将成为经济社会协调发展过程中的重要力量。

第一节　志愿者的界定

※

一、志愿者的定义

长久以来，社会上对于志愿活动的研究和探讨比较早也比较多，但是对于志愿者的研究起步却比较晚。研究者从不同的角度，对志愿者的定义提出过种种不同的表述，下面列举国内外一些组织或学者对志愿者的定义，以供参考。

（一）联合国教科文组织采纳的定义

联合国教科文组织（UNESCO）通过直接向发展中国家输送各种专业技术志愿人员以支持全球人类的可持续发展，其志愿服务多为国际性支援行为，为此联合国确定2001年为“国际志愿者年”，并把每年的12月5日确定为“国际志愿者日”。

联合国教科文组织对志愿者的定义是：“志愿者是指人们在正式（非私人）场合中，在一段时期内自愿、无偿贡献自己的时间和专业技术；对于志愿者而言，人们需要进行务实地考察和安排，比如志愿者维持生活所需的费用、交通费以及安全问题。”志愿者有以下特征：

第一，利他性。人们从事志愿服务的动机有很多，但是联合国教科文组织认为真正的志愿者应当以“利他动机”为前提。在2001“国际志愿者年”启动仪式上，时任联合国秘书长的安南指出：“志愿精神的核心是服务、团结的理想和共同使这个世界变得更加美好的信念。从这个意义上我们可以说，志愿者精神是联合国精神的最终体现。”所以，志愿者特指为社会谋求福祉的人。

第二，正式性。人们在私人场合的互助行为，比如邻里和亲友间的互助，被排除在“志愿服务”范畴之外。多数志愿者通过非政府组织提供志愿服务，也有个人志愿者或志愿者团体自己组织志愿服务项目，这些服务活动一般约定双方权利义务和合同期限，是一种正式的行为。

第三，无偿性。无偿性是指志愿者没有薪水报酬。志愿者的服务即使不是完全免费，但通常没有成本以外的收益。

第四，自愿性。自愿性是指个人可以自由选择是否参加志愿服务，虽然志愿者参加服务活动可能受到他人或社会的影响，但从本质上说，个人处在一个可以自行选择的位置上。

联合国教科文组织认为，在实际生活中，虽然志愿者不以营利为目的，但是必须保障志愿者的合法地位和基本权益，主要包括餐饮、差旅、住宿、安全等基本花费和权利。

（二）中国青年志愿者协会的定义

中国青年志愿者协会（CYVA）成立于1994年12月5日，是由志愿从事社会公益事业与社会保障事业的各界青年组成的全国性社会团体，是中国共产主义青年团中央指导下的，由依法成立的省、自治区、直辖市青年志愿者组织和全国性的专业、行业青年志愿者组织个人自愿结成的全国性非营利性社会组织，是全国青联团体会员和联合国国际志愿服务协调委员会（CCIVS）联席会员组织。

根据其章程，志愿者是指“不为物质报酬，基于良知、信念和责任，自愿为社会和他人提供服务和帮助的人”。目标是“推动社会主义精神文明建设，促进社会主义市场经济体制的建立和完善，提高青年的整体素质，为经济社会的协调发展和全面进步做出贡献”。

同样的，这一定义提到了志愿者的“无偿性”“良善的动机”“资源性”“提升个人价值”“为他人或社会提供服务”等特性。但是与国外学界的定义相比，它反映出中国社会的志愿者所承担的政治、经济、文化功能。在国外，志愿者隶属于第三方，不承担有关经济、政治和文化的功能，与政府职责有严格的分界。他们完全以非营利组织的角度和观点来看待志愿服务，认为它不仅非营利，而且也与公共服务无关。但是中国的志愿者协会具有官方色彩，不仅间接隶属于政府机构，而且还在公共性团体的指导下履行一定社会职能。

国内学者对“志愿者”的定义也提出了诸多观点和见解。安国启认为“志愿者是指自愿、不为报酬和收入而主动承担社会责任的人”；梁枫给志愿者下的定义是“在不以任何物质报酬为目的的情况下，不受个人利益的驱使，也不受法律的强制，仅仅基于认知、同情心或者责任感等价值观而从事社会公益活动，为促进社会进步而提供服务，贡献其个人的时间、精力的人”；谭建光对志愿者的定义为“是自愿贡献时间和精力，在不以物质报酬为目的的前提下，为了推动人类发展和社会进步，为国家社会福利事业的完善而提供服务的人”。虽然定义表述不同，但都体现了志愿者的“无酬性”“良善的动机”“资源性”“提升个人价值”“为他人或社会提供服务”等特性。

比较国内外关于“志愿者”的定义，既有差异又有联系。根据组织自身特点和服务环境的差异，这些定义中有的侧重于青年主体，有的侧重于长期服务项目，有的侧重于国际性，有的侧重于社区服务，有的侧重于非政府组织，有的侧重于政府的组织。虽然各有特点，但是，在“志愿者”的基本特征上，各个定义的表述却惊人的一致。这些基本特征主要是：无偿性、自愿性、利他性、提升个人价值、有利于社会进步。

可见，各种定义的表述虽然不尽一致，但基本精神是一致的：志愿者是指不以营利为目的，基于利他动机，自愿贡献知识、体能、技能及时间等，以增进他人福利，促进社会和谐与进步的人。

二、志愿者的内涵解析

为准确理解志愿者的定义，需要对志愿者的内涵做进一步解析。志愿者基本要素包括：

（一）动机

利他。志愿者表现为一种“助人”，因此志愿者的首要动机就是“利他”，即为他人谋求福祉。有人质疑这一观点，认为并不存在完全利他的志愿者。在志愿服务的实践中，人们总是掺杂着不同的动机。比如，实现自我价值、回报他人或社会曾给予自己的帮助、增长阅历，甚至为了经济利益等原因，所以，“利他”可能不是志愿者长期提供志愿服务的唯一动机，但至少是一个基本的、普通的动机。如果志愿者毫不利他，专门利己，就无法坚持从事志愿服务活动，因为“不以营利为目的”是志愿者的基本属性之一。

提升精神生活的质量。通过提供志愿服务，人们会感到更充实、更积极，有自我实现的感觉和与他人相处的愉悦等，这些情感体验能够提升人们的生活质量。这一类动机与“利他”动机不同，但通常与“利他”的精神结合在一起。

回报的愿望。有些人做志愿者是因为曾经或多次从他人或社会获得帮助，因此想要回报社会。

增长阅历。这一动机多见于大学生志愿者。大学生有融入社会的迫切愿望和增长技能的竞争压力，通过志愿服务，能够拓宽视野、锻炼技能、结交社会关系，因此这一动机也是普遍存在的。

经济原因。大多数组织仅仅支付志愿者必要的花费，比如餐费和交通费，但也有个别组织支付薪水和酬金。通常来说，为了经济上的原因而从事志愿服务通常不被列入“志愿”范畴。

（二）自愿性

志愿者参与志愿活动是非强制性的，“强制”是指对于志愿者来说，他成为志愿者的动力是外在的，如因为权威或其他原因而被迫参加志愿服务。在国外有一种社区服务刑，那些罪行较轻、主观恶性较小、社会危害性不大的罪犯通过从事社区工作来服刑，这种社区服务受到法律的强制，不属于志愿服务。

（三）非营利性

志愿者不得向志愿服务对象收取或者变相收取报酬，在服务期间也不得接受志愿服务对象的捐赠。志愿服务的经费一般来自政府资助、社会赞助或志愿者本人义务提供。

但是志愿服务与义务服务是不同的，义务服务是慈善性的，完全不应获取报酬，而志愿服务不排斥获得维持志愿者基本生活的费用。可见，非营利性并不是绝对无偿。

（四）服务性

志愿者必须切实地贡献出自己的知识、体能、劳力、经验、技能、时间等，必要时还要接受培训以完成任务。

（五）公益性

志愿者以造福他人和社会为目的，具有扶贫助弱、协调矛盾、教化民众、人文传递、凝聚社会等社会功能。目前来看，中国的志愿服务主要包括帮残助弱、扶贫济困、支教助学、环境资源保护、抢险救灾、救死扶伤、治安防范、法律援助、社区服务和大型社会活动等服务活动。

第二节　志愿者的类型

海德里希提出志愿者角色主要包括领导者、直接服务者、一般支持者、赞助会员等，相应的他认为志愿者有兴趣从事的领导岗位包括业务主管、理事、委员会主席、项目负责人以及募款人员就是相对应的志愿角色。同时，志愿者所从事的服务众多，其中可能包括教育、医疗、关爱、助残、扶老、环保、倡导和福利等范畴，因此难以统一划分，故出现了不同的分类方法。如果按照职权划分，可分为政策制定、直接服务及庶务类；按照时间划分，可分为定时性及临时性；按照服务类型划分，可分为福利类、教育类及文化类；按照服务内容划分，可分为行政性、专业性及辅助性。同时，按照具体的服务特性的不同，不同时期的志愿者有不同的称谓，比如消防志愿者、抗震志愿者、奥运志愿者、社区志愿者、环保志愿者、世博志愿者等。

北京大学志愿服务与社会福利研究院中心主任丁元竹教授把中国的志愿者分为四类：青年志愿者、社区志愿者、国际志愿人员、“草根组织”即NGO志愿者。

一、青年志愿者

青年志愿者从广义上讲，指任何志愿贡献个人时间、精力、金钱及精神，在不谋求任何物质报酬的情况下，从事社会公益与社会服务事业，为改进社会和推动社会进步而提供社会服务的青年；从狭义上讲，指志愿参加相关团体组织，在自身条件许可的情况下，在不谋求任何物质、金钱及相关利益回报的前提下，合理利用社会现有的资源，志愿奉献个人可以奉献的东西，为帮助有一定需要的人士开展力所能及、切合实际的，具有一定专业性、技能性、长期性服务活动的青年。

青年志愿者是一个新生而暂时性的社会角色，只有在发生志愿服务活动的时候，这个社会角色才能得到真正的落实。它的实质是一种宝贵的人力资源，因而它具有平等性、自由性、可变性、不稳定性、有限性、可持续发展性等特点。

青年志愿者是青年志愿者活动的主体，也是志愿服务活动的主体。目前参加青年志愿者活动的社会成员有中学生、大学生，在职人士或非在职人士。各类青年志愿者自身有着一定的特点，故在志愿活动中发挥着不同的作用。

中国青年志愿者从属于共青团中央下属的中国青年志愿者协会，它所参与的活动，往往以项目为主。1993年底，共青团中央决定实施中国青年志愿者行动。为推动青年志愿服务事业的发展，团中央于1994年12月5日成立了中国青年志愿者协会，随后，各级青年志愿者协会也逐步建立起来。到2000年，已初步形成了由全国性协会、36个省级协会和三分之二以上的地（市）级协会及部分县级协会组成的志愿服务组织管理网络。1998年8月，团中央青年志愿者行动指导中心正式成立，负责规划、协调、指导全团的青年志愿服务工作，承担中国青年志愿者协会秘书处的职能。

自1963年3月5日毛泽东等老一辈党和国家领导人号召“向雷锋同志学习”以来，每年的3月5日成为社会各界特别是广大青年传统的学雷锋活动日。各地广泛动员和引导奋发向上的青年围绕西部大开发、社区服务、环境保护等社会关注的重点领域集中开展“心手相连，情系西部”“百万志愿者进社区”“绿化周围环境，建设美好家园”等主题志愿服务活动。

就在2000年，共青团中央、中国青年志愿者协会共同决定把每年的3月5日作为“中国青年志愿者服务日”，组织青年集中开展内容丰富、形式多样的志愿服务活动。目前，在这一天广泛开展多种形式和内容的志愿服务活动，已成为许多地区通行的做法。

近几年来，青年志愿者行动的服务领域不断扩大，在农村扶贫开发、城市社区建设、环境保护、大型活动、抢险救灾、社会公益等领域形成了一批重点服务项目。比较有代表性的有青年志愿者“一助一”长期结对服务计划、西部计划、大中专学生志愿者暑期文化科技卫生“三下乡”活动、保护母亲河“中国青年志愿者绿色行动营计划”、成人预备期志愿服务等。

几年来的实践充分说明，青年志愿者行动符合时代发展的潮流，符合人民群众的需要，符合当代青年的特点，蕴藏着巨大的发展潜力，呈现出旺盛的生命力和广阔的发展前景，是中国特色社会主义发展过程中的一项生机勃勃的事业。它为当代青年在实践中锻炼成长提供了广阔的舞台，开辟了现实的途径，体现了共青团“在实践中育人”的宗旨，成为新时期加强青年思想政治工作的重要载体。青年志愿服务适应当代青年自主意识、参与意识日益增强的特点，组织和引导青年志愿者积极参加经济和社会建设，调动了青年的内在积极性，已经成为共青团在社会主义市场经济条件下动员和组织青年的有效手段，成为新时期青年工作的重要内容；它与国际志愿服务接轨，受到国际友好人士普遍好评，在国际上树立了当代中国青年的良好形象，成为加强与各国青年之间交流与合作的重要渠道。

青年志愿服务事业虽然取得较大发展，但仍然处于发展初级阶段，运行中存在着一些实际困难，特别是在长期项目的资金保障方面，需要社会各界支持，需要党政部门的政策和资金倾斜。另外，要进一步加大对青年志愿者行动的宣传力度，在全社会形成参与志愿服务光荣的道德风尚，感召更多的青年投身志愿服务实践，推动这项事业在新时期实现更大的发展。

二、社区志愿者

社区志愿者是指以社区为依托，以社区服务为主要领域，充分利用社区资源，围绕居民个人、家庭的生产生活基本需求及社区公益事业开展志愿服务的人。社区志愿者是社区基层组织中的一个重要群体，对于维护社会稳定、促进社会和谐和推动社会发展有着极大作用。社区志愿者是“社区”和“志愿者”两者结合的时代产物。

中国城市的社区服务是20世纪80年代后期出现的新事物，它是在政府的领导下，以街道为主体，以居委会为依托，动员社区居民为本社区内成员的物质生活和精神生活提供各种社会福利和社会服务的群众性服务活动。社区志愿活动通常被列为改善街道管理的重要工作内容，也被列入改善社区服务的议事议程。街道管理部门帮助社区志愿者组织制定一系列规章制度。

社区志愿者组织从属于民政系统，其各级组织都与相应的机构联系在一起，但是它的基层组织是与居民委员会联系在一起的，并接受相应组织的领导与指导。

社区志愿者组织主要有以下几个特点；

第一，分别建立了社区服务志愿者活动的组织，形成了有组织、有章程的志愿者队伍。许多城市的区、街道、居委会成立“社区志愿服务指导委员会”“社区服务志愿者协会”“社区服务志愿者分会”“志愿服务保护组”等组织。

目前开展社区服务志愿者活动的地方，大多制定了有关章程和管理办法。如天津市和平区社区服务志愿者协会的《天津市和平区社区服务志愿者协会章程》；上海市南京东路街道办事处《社区服务志愿者队伍及服务项目的管理制度》规定：“为社区居民提供生活服务，帮助解决突发性问题，做到一般问题及时解决，疑难问题一般不超过三天答复。”

第二，广泛开展了各种形式的社区服务志愿者活动，为群众解决实际困难。从服务对象看，社区服务面向老年人、残疾人、优抚对象，提供社会福利服务；面对社区居民，提供便民利民服务；面对社区内企业单位和机构团体提供后勤服务。从服务内容看，社区志愿服务为有困难的群众解决了许多实际困难问题，如上海市在社区服务中为7万多位老人解决了就医难的问题。为4000多位老人提供搭伙或送饭上门，为2000多位独居老人安装了求助电铃，为2000多位社会孤老建立了家庭敬老室。北京市90%以上的居委会成立了志愿者协会，每年为群众提供志愿抚养、康复医疗、心理咨询、家庭服务等各种服务近600万人次。

三、国际志愿人员及其组织

1970年，联合国大会通过决议，组建“联合国志愿人员组织（UNV）”，从属于联合国开发计划署（UNDP）。联合国志愿人员组织是联合国系统内一个独特的机构，负责管理与国际志愿者事业相关的各类事务。联合国志愿人员组织鼓励志愿者为本国和世界的和平发展尽其所能，努力促进国家经济与社会进步并使之得到持续发展。其具体要素如下：

第一，联合国志愿人员活动的服务领域。联合国志愿人员在技术、经济和社会发展领域服务，他们的主要工作内容包括：与需要技术帮助和支持的政府进行技术合作；在社区和基层工作，帮助所在地区的人民达到自力更生的目标；从事人道主义的援助工作，帮助受援国人民重建家园；从事和平建设事业。

联合国志愿人员是在政治平等的基础上工作的专业人员，他们提供教学和培训，鼓励、支持和促进他们的服务对象。在工作的同时，志愿人员还共同交流思想、技术和经验。联合国志愿人员组织与受援国政府、联合国专门机构、国际开发银行及国际民间组织和社区组织进行伙伴式合作。联合国志愿人员提供服务的项目通常由受援国政府管理，并经常得到联合国系统相关组织的援助和监督。联合国志愿人员组织也应一些受援国政府的要求作为项目的执行机构。

第二，联合国志愿人员的资格要求。联合国志愿人员不同于普通的志愿者，要成为其中一员，必须具备以下条件：

志愿人员必须具备热心助人精神，愿意长期在不同文化与气候的陌生环境下工作。对于中国公民，如申请作为志愿人员外派到国外服务，应有大学本科或以上学历，在所申请的工作领域中具备五年以上实际经验，能够运用外语独立工作，有国外工作经验者优先。

有资格申请联合国志愿人员的组织包括：政府机构，大学、科研院所及其他学术机构，社会组织，社区组织，非营利组织，民间组织，联合国机构等。

联合国志愿人员的服务期限通常为一到两年，但有时也可能为半年。根据接受单位的要求和合同各方的约定，合同期可以延长，但最长不得超过八年。联合国志愿人员的服务不能被视为一项工作。

第三，中国与联合国志愿组织。中国倡导志愿精神、开展志愿活动可以追溯到改革开放以前。中国政府曾经对亚洲、非洲的许多发展中国家进行大量的国际援助，派遣了大批志愿者到国外参与相应的项目。1971年，中国恢复了在联合国的合法席位后，中国政府积极参与联合国志愿者的全球性活动。中国最早的志愿者就来自于联合国志愿人员组织，当时联合国志愿人员组织向中国派遣了包括地理、环境、卫生、计算机和语言教学等领域的志愿者来中国工作。

中国政府十分重视同联合国志愿人员组织的合作。早在1981年，中国政府代表即与联合国志愿人员组织代表在北京签约，决定互派联合国志愿人员。随着中国改革开放政策的进一步深化，中国的发展已能够满足自身对外语人才、队伍建设及外语教学的需要。如今联合国志愿人员与中国已有数十年的合作，取得了卓越的成果，联合国志愿人员组织也在持续不断地向中国提供更为广泛的援助。

四、其他志愿者组织

中国的其他社会团体也有自己的志愿者和志愿者组织，包括中华全国慈善总会及其地方组织、中国老龄科技工作者协会、中华全国妇女联合会等，中国商务部也定期向国外派遣志愿者开展援外工作。

随着中国改革开放和国家对于可持续发展战略的重视，中国国内产生了一批以保护环境、提高公民环境意识为宗旨的非政府组织。这些非政府的环境保护组织通过会员制等方式组织志愿者活动。他们本着对于可持续发展理念的追求，旨在谋求民众环境意识的提高和环境状况的改善，提高人民的生活质量。北京、广州、重庆、福州等地的环境保护非政府组织比较活跃，仅北京市就有自然之友、地球村、绿色家园志愿者、绿色大学生论坛、大学生绿色营等众多组织。

第三节　志愿者的价值

※

当今社会，在社区、在会场、在学校、在医院，到处都有志愿者的身影，志愿者已成为人们自主解决社会问题，传播社会正能量的中坚力量。从城市到乡村，从知识扶贫到生活帮困，从学生到社会青年，志愿者们用绝对的责任心和出色的执行力为社会提供着扎实有效的服务。

一、精神价值

志愿者有着崇高的精神价值，它是超越物质追求的。对于志愿者而言，通过志愿服务活动，他们的奉献精神得到彰显，社会责任感进一步增强，获得了精神上的满足。对于服务对象而言，志愿者亲切的关怀和鼓励，能有效地帮助他们减轻自卑感和疏远感，增强对人、对社会的信心，更好地融入社会，增强社会归属感。此外，志愿服务对整个社会的精神追求也起到了积极的作用。无论是古老的东方文明，还是悠久的西方文明，至善至美的精神价值一直都是人们的追求目标。尤其是当下，大学生作为践行新时代志愿精神的主力军，他们对志愿精神价值理念的认同，对志愿行动的积极参与，不仅是新时代高校思想政治教育工作成果的重要展示，更是新时代我国社会主义精神文明建设的最佳注脚。

二、社会价值

志愿精神作为一种自愿的、不求私利为他人和社会提供服务的崇高价值理念，是衡量一个社会文明程度的重要标志。它凝聚着对社会、对生命负责的道德力量和精神力量，是推进社会进步的重要动力，也是深化社会主义和谐社会建设和践行社会主义核心价值观的重要精神感召。因此，志愿者有着巨大的社会价值，主要体现为扶贫济困，扶弱救残。在城乡发展、社区建设、抢险救灾以及大型社会活动等公益事业中推动经济发展和社会进步。它是对政府和市场功能的重要补充，以独特的方式为社会的发展起着积极的作用。

志愿者通过志愿服务，能够增进不同社会群体之间的相互了解和沟通，加强人与人之间的交往和关怀，对于社会问题的解决有很大帮助。更为重要的是，志愿服务还是践行社会主义核心价值观的重要途径，是推进社会主义精神文明建设的重要环节。志愿服务作为蕴含丰富道德内容的社会服务活动，其道德价值突出地体现在它所创造的社会价值以及所发挥的社会作用方面。志愿服务的宗旨是“奉献、友爱、互助、进步”，是传统中华文化优秀价值观、人类文明的先进价值理念、社会主义价值体系的集中体现，反映了人类社会以及社会主义中国普遍的基本价值观念，与我国践行社会主义核心价值观的原则、核心内容和要求相一致。一段时间以来，由于受到“拜金主义”“个人主义”等思潮的影响，一些人思想上出现了偏差，不能正确认识我国社会主义初级阶段出现的各类问题，对社会产生了一些消极悲观情绪。这要求我们用正确的方式对其加以疏导。实践证明，以“奉献、友爱、互助、进步”为宗旨的志愿服务是一种生活化的思想政治教育方式，能够使参与者在志愿服务活动过程中把服务他人、服务社会与实现个人价值有机结合起来，有利于倡导爱国、敬业、诚信、友善等基本道德规范，有利于弘扬以爱国主义为核心的民族精神和以改革开放为核心的时代精神，有利于树立中国特色社会主义共同理想。

三、经济价值

志愿者能够创造巨大的社会经济价值。志愿者不以获得直接工资、福利为目的，因此很多大型公益活动，或者非营利性质的组织，因为志愿者提供了大量的人力资源等，而大大节约了运营成本，为社会直接或间接创造了经济价值。以北京奥运会为例，北京奥运志愿者人数创历届奥运会之最，共招募赛会志愿者10万人。志愿者高质量、无偿性服务，为奥组委节约巨大的运营资金。据国家统计局的数据，北京奥运会期间，志愿者无偿服务带来了至少10亿美元的价值收入。志愿者的志愿服务，缓解了政府的财政压力，这对于避免“蒙特利尔陷阱”在我国的上演具有重要意义。

第四节　国内外志愿者的比较

※

志愿者是志愿活动的发起者、参与者，探讨与志愿者相关的问题，离不开对志愿活动的深入研究。志愿服务活动始于19世纪的欧洲，在200多年的发展历史中，世界各国以及众多组织机构对志愿活动的社会功能及其中的各项机制进行了系统的研究，形成了较为完善的运行机制。而在我国，随着现代化建设的不断深入，社区建设、公益劳动、公民素质的提高等诸多原本由政府承担的事务逐步需要由社会自身来承担，基于满足这一功能的需要，志愿者活动具有了组织化和制度化的必要性。

一、志愿者活动组织机制不同

国内青年志愿者活动具有集体指导性和组织性强、个人主动性和敏感性弱的特点。指导性强主要是指团组织对青年志愿者工作的指导性相对较强。近些年，我国高校内从校级团委到各院系分团委直至各团支部都分别组织起了志愿活动。在各级组织中，至少校团委和院系分团委都有专职老师进行专项负责和指导。组织性强主要是指志愿者工作逐步成为学生工作的重点之一，在各大高校中也大多为志愿者队伍建立了由学校团委指导的专门机构。在工作方式上，各高校普遍实行的是学校总队、院系分队相互合作的工作方式，相对封闭又相互交叉。从活动的流程上，各高校志愿者活动均经历这样的一个过程：任务接洽、志愿者招募、面试、筛选、活动、记录、小结等，这些流程往往由活动组织者负责协调完成。

从组织机构上看，国外志愿者相对灵活，往往不局限于一个志愿者组织，而是同时分属于不同的组织，为不同的组织服务，这使得人才得以合理流动，活动可以进行得更为顺利，各组织能够更好地发展，每个志愿者的能力也能够全面发挥。当然，这些与这些国家有健全的志愿者组织体系，人们能够正确认识“志愿者”，并投入志愿者服务活动有关。

在中国，志愿者组织的宣传较少，组织形式也比较单一，青年要当志愿者或者组织志愿者服务的团体要招募志愿者，首先想到的是找相关组织，然而要找到这方面的信息常常要费很大力气。在美国、澳大利亚等国家，志愿者组织的信息很容易找到。最常见的就是一些慈善机构常在电视上播放节目来进行募捐和招募志愿者，人们只要根据此类信息便可以和组织取得联系。

近年来，我国的志愿组织机构也在不断地完善发展，志愿者组织体系逐渐健全，人们能够正确认识“志愿者”，并投入到志愿者服务活动中来，打破了以往志愿者组织的相关宣传较少、组织形式较为单一、志愿者缺少报名途径的困境。

二、志愿者培训机制的差异

在培训领域，国内外志愿者活动的机制从理念到实践都存在着比较大的区别：

1. 培训定位不同

国内青年志愿者组织主要定位在“服务提供者”，相应的活动开展显得比较被动，有项目就接，没有项目就无法开展活动。特别是在培训方面，对于志愿者的培训只有针对性非常强的项目培训，缺乏相对应的志愿者常规培训。对于志愿者的培训主要还是以短期的技能培训为主。如在2008年各大高校普遍开展的北京特奥会志愿者工作，主要由组委会方面主动向各大高校发出邀约，由各高校志愿者负责机构——通常是团委的下设组织承接该项目，再由特奥会组委会方面派出专门人员进行一到两次技术指导。就邀约方以及其培训内容而言，培训是足够的，因为该项活动对志愿者的要求相对比较简单，但就组织方和活动的效应来看，这样的培训只是一种短期行为。事实上，在缺乏相关总结和反思的一次或两次的志愿者活动中，很难使志愿者素质得到全面提高。①

而一些发达国家的志愿者组织，则比较注重志愿者本身的学习和发展，它涵盖了长期的志愿者素质培训和短期加强式的技能培训。西方志愿者组织的目标首先是“成员的发展”，因而“成员发展空间提供者”就成为发达国家志愿者组织的定位，由此促其实行短期和长期相结合的双线培训模式。许多组织积极为成员制订发展计划并创造条件。

2. 培训操作过程不同

首先从覆盖面来看，国内青年志愿者的培训在高校中有两个层面：一个是面向项目参与者的培训，另一个是志愿者组织内部“学生干部”的培训，两者都存在一个覆盖面窄的问题。目前江苏的高校中，注册的志愿者人数在2000—5000不等，相对如此规模的志愿者人数，培训的受众还是相对有限。而在国外一些国家志愿者的组织在坚持长期对志愿者进行素质培训的理念指导下，通过对志愿者进行有效管理和个性化培训，并给予积极引导，使参与者有所收获。如一些国家的“全球志愿者组织”注重向每个志愿人员介绍其服务的地区所具有的独特文化、地域风情和民族习惯，引导志愿者将参加志愿服务行动作为一个学习的过程，每个参加者可以通过志愿付出来获得崇高的精神享受。

3. 培训内容不同

目前我国的青年志愿者培训着重于技能技术的培训，而发达国家的培训主要还是在“求发展”的目标定位下寻求多元化的个性化素质培训，包括待人接物的礼仪和社会公众责任心方面的加强等，最重要的是组织归属感的培养。

相比国内志愿者培训的内容，国外对于志愿者的培养内容更偏向于志愿者本身的学习和发展。这种培养模式不会只要求志愿者针对高校等组

---

① 姜生成，张涛涛，张金棒．北京奥运会志愿者培训遗产体系及分类的研究 [J]. 当代体育科技 ,2012. 18(2):7–9.

织展开项目培训，它涵盖了长期的志愿者素质培训和短期加强式的技能培训，以成员的发展为首要目标，积极为志愿者制订发展计划并创造条件。

三、志愿者活动评估机制的区别

国内和国外青年志愿者活动的评估机制主要存在以下两方面不同：

1. 志愿者活动评价依据不同

从条文角度观察，国内以不同的队伍规章作为约束，或者没有约束。目前各个高校中的青年志愿者总队都有一定的文本规章，而作为一个自治组织的各院系分队，就很少有统一的约束了，大家普遍认为志愿者服务活动是公益活动，能参加已经表明志愿者很有爱心了，已经足够了。

对比国内由高校中有关部门制定队伍的规章制度，国外则是由政府部门制定法律作为志愿者活动的评价依据，同时也出台了相关的奖励机制。以美国为例，自1973年制定了《志愿者服务法》以来，先后多次修正法案内容，以法律约束志愿者活动，在对志愿者的评价上也是做到了有统一的法律依据，便于不同地区之间的志愿者互动协作活动的评价。

2. 志愿者本身的主动性与参与性不同

国内青年志愿者往往是某项活动成形后被动的参与者，而很少有机会参与活动的策划以及活动后的认证、评价和监督。造成我国志愿者活动反馈监督过程中志愿者缺乏主动性和参与性的原因：一是志愿者缺乏利益诉求、意见反馈的意识；二是日常工作中缺乏信息反馈的机制。令人可喜的是，随着网络技术的发展，各个高校已经着手为志愿者队伍建设相关网站和专门的讨论区，积极地为志愿者发表意见和提供建议创造条件。

四、志愿者激励机制的差异

任何一个组织的评定都需要完整的激励机制起推动及保障作用，激励的依据在于对组织及个人工作实绩进行科学的评价，这无疑需要一套科学的考量指标。发达国家的志愿者活动，由于志愿者本身的文化积淀和社会影响造成的强烈认同感以及参与性，使得考评本身成为参考标准。而在国内，考评的指标往往就成为行为的下限。目前在高校中流行的“敲章”认证法，以及在试点的网上认证法，都是以结果作为标准，缺少更为系统完整的评价机制。当然，这样的问题同样存在于一些西方国家中，为了解决这一问题，某些国家使用了志愿活动“小时制”考评法，综合考虑了志愿者的态度和工作质量。这样的综合评价体系虽然并不十分完美，但相比“敲章”考评法仍值得借鉴。

在评价系统操作层面的比较后，我们还发现在青年志愿者组织中普遍存在奖优不罚劣的情况，在考察中不少高校青年志愿者组织都提及对于志愿者只有评先进无法作惩罚的无奈，这实为约束机制的一个瓶颈问题。究其原因，是因为目前志愿者活动参与者与组织者之间没有对等的权利义务关系，没有直接的利益交互关系。在这方面，法国志愿者立法方案中的部分规定可以为我们提供参考，如方案中规定满18周岁的公民必须服役（包括兵役、民役），服兵役时间为10个月，而服民役因工作性质不同，时间长短不定，主要评价成员在此期间的表现。目前，团中央推行注册志愿者就是走出了健全组织制度的第一步。

其实，作为青年，对荣誉和奖励都需要一个正确的态度。对于青年志愿者活动，更需要一种理念的指导和引领——志愿服务对志愿者促进自我完善的功能，主要指的是志愿者在工作生活场合追求经济利益和名誉地位之外，能通过参加志愿服务而获得充实精神、纯净心灵、提高品质、完善人性的机会。

五、志愿者活动保障机制的不同

保障主要包括资金和福利两方面。资金起到保障活动开展的作用；而福利则起到保障成员参与性的作用。

我国目前存在的主要问题之一就是青年志愿者活动的资金缺口相对较大。由于青年志愿者工作大多直接挂靠学校中的团委，进行商业化操作的可能性较小，这使得活动资金来源渠道相对狭窄，影响到队伍的发展。而西方的组织经费来源渠道多元化，总量也相对较大。英国的志愿者组织主要依靠会员会费，商业、基金会以及个人捐助，政府拨款，社会筹款等；

法国的同类组织则由政府拨款为志愿服务活动提供物质基础；在美国，政府会从财税政策上给予志愿者组织极大的支持，如拨款，给予特定的免税政策，规定非政府组织从事社区服务所形成的盈利或利润必须用于社区发展的再投入，为大众服务，不得用于个人等等。

志愿者个人的福利主要包括津贴和实物等形式。目前我国的青年志愿者活动大多是无偿的，主要看项目邀约方的安排。福利没有一个严格的标准和规定，一般以车贴、饭贴为主。在这个层面，作为志愿者组织更应当为本组织的成员尽量争取应有的利益。虽然目前国内的志愿者福利机制尚未真正建立，但已经受到了越来越多的重视。与之相对的是，西方发达国家对于志愿者的福利保障则做得比较好，不少方面值得我们学习借鉴。以法国为例，规定服役者均有一定的津贴，服民役的津贴高于服兵役的津贴，其中包括住房和交通补贴。

随着市场经济的深入发展，传统社会向现代社会的转化逐渐催生了新的社会支持系统，中国的社会支持机构已经从一元化向多元化转变。而青年志愿者组织自主推动的志愿服务，业已成为新型社会支持结构中一个重要的组成部分。从长远的角度来看，青年志愿者活动要蓬勃有效开展，要持续稳定健康发展，制度、机制就必须跟上，我们应当借鉴西方发达国家的先进经验和理念，逐步建立完善我国青年志愿服务事业的运行机制。

第五节　志愿者的工作原则与技巧

一、志愿者的工作原则

（一）自愿性原则

志愿服务必须是自愿参加的。这个自愿是主动的而不是被动的，是自觉的而不是被强迫的。自愿性是志愿服务的基本特征之一。可以通过有组织的方式去动员志愿者，但应该让每个志愿者都在没有任何压力的情况下自愿投入到志愿服务之中。相反，如果一些志愿服务不是每个人都自愿参加，而是在某些组织或个人的强迫和压力下参与的，其社会意义就会大打折扣。被迫参与到志愿服务之中的人员不是真正意义上的志愿者，他们即使参加了志愿服务活动，也很难持续地发挥积极的作用。强制参与、强制“奉献”、募集摊派或变相摊派，对志愿者实行单位化管理，不符合公益活动的自愿性原则。

（二）公益唯一性原则

志愿服务不应该被当成达成其他目的的手段。志愿服务的非工具性包括对志愿者的非工具性和对服务组织者的非工具性两个方面。就志愿者而言，在提供志愿服务时应该始终坚持利他和公益为基本原则。志愿者服务时可以获得回报，但不应该以获得回报为基本目的，即使在完全没有回报的情况下也应该能坚持志愿服务。对服务活动的组织者来说也具有非工具性，即志愿者服务不应该被大量用来谋求服务以外的目标，不论是经济目标还是其他政治目标或社会目标，否则就会损害志愿者的动机。公益唯一性还体现在，志愿者不能私自替服务对象进行工作计划以外的服务内容，不得在公益活动时间内宣传与公益活动无关的事务。

（三）非牺牲原则

非牺牲原则的内涵在于，我们并不要求志愿者或者公益机构一定要以一种牺牲和剥削自己的形式来实现公益行为和目标。大家完全可以根据自己能够提供的资源和服务，在不牺牲自己根本利益和影响自己基本生活的情况下，做好社会服务和公益事业。志愿者个人可以做出是否大量牺牲自己利益的决定，但公益组织不能强制或倡导志愿者大量牺牲个体利益去参加公益活动。在社会整体效率和利益提高的同时，不以部分人的利益牺牲和社会冲突为代价，这种形式的社会发展是较为健康的社会进步模式。

（四）量力而行原则

要根据自身人力、物力、财力条件允许的程度来开展工作。现实生活中服务的需求是多方面和多层次的，志愿服务一定要从实际出发，从社会需求的实际出发，把主观愿望和客观实际结合起来，把社会需求和服务能力结合起来，实事求是，量力而行。要分清什么是现在能做到的，什么是下一步才能做到的，什么是将来才能做到的，还有什么是我们做不到的。我们既不能无所作为，也不可包打天下。社会需要关注的方面很多，志愿者可以在许多方面有所作为，但是志愿者组织和志愿者的力量都是有限的，不可能满足所有的需求，不是所有的社会需求都适合志愿者去完成。因此志愿组织和志愿者应该量力而行，找准定位，有所为，有所不为。

（五）尊重和平等原则

在志愿活动中对受助对象应持互相帮助的平等精神，不应有“施予”的心理和“救世主”的态度；在活动中不能以高高在上的姿态和受助人对话，要尊重服务对象的隐私权，不应随意公开服务对象的情况或资料；不能好心办坏事，志愿服务也要充分考虑服务对象的权益不被侵害。

（六）效率原则

志愿者应该讲究效益和效率。志愿者的付出是非常稀缺而宝贵的公益资源，在公益活动中要倍加珍惜。不应该只着眼于行动本身，而不看行动的结果。组织者应当充分衡量志愿活动投入产出的价值关系，做出决策。无节制地使用志愿服务资源，将影响志愿活动的可持续发展，对志愿者的积极性也是一种挫伤。所以志愿者服务还应该讲究效益，尽量做到低投入、高产出。将“重行动本身而不重行动后果”的行为模式转化到“既重行动本身，也重行动后果”模式，合理地调动志愿者的人力和其他资源，使其服务活动能最大限度地发挥实效。

（七）安全性原则

志愿服务是一种奉献行为，但不需要牺牲，有余力的参与，才值得肯定。重大安全事故会对志愿组织的公信力、组织能力、可持续发展能力产生重大影响，甚至会引发志愿组织的生存危机。所以安全性原则应该作为志愿活动的第一原则，其他原则应该从属于安全性原则。组织志愿活动时，组织者应该对活动安全状况认真评估，进行安全状况评估时要遵循谨慎性原则。不能将志愿者置于危险的境地，要制定保障志愿者安全的措施，对志愿者进行安全教育，强调安全纪律。在安全与志愿活动进程发生冲突时，宁愿中止活动也要保障志愿者的安全，决不能冒险行事。

（八）非商业化原则

在市场化的资本无孔不入的社会，志愿活动很少能脱离商业化的影响。但志愿活动必须严格把握商业化和志愿活动结合的度的问题。在市场化募集公益资金的过程中要确保公益主体性原则。在社会效益第一的前提下达到公益组织、合作企业的双赢，不能不顾公益利益和社会效益变相作为企业牟利的工具。志愿者应该多替代政府，少替代私人。志愿者不能被用来帮助企业营利。志愿者不能与服务对象或其家属做金钱或物质的任何形式的交易，志愿者不得接受服务对象的礼物馈赠。

（九）尊重、宽容和包容原则

志愿活动的参与者把爱由已推人、洒向大众的同时，其实更应该把这样的爱给自己的同伴。大家在活动中应该相互理解，相互尊重。秉持严以律己、宽以待人、己所不欲、勿施于人的原则。应该充分尊重志愿者的劳动，充分理解组织者付出的艰辛。对活动中出现的问题应理性看待，不应该过于苛责。提出问题的方式和态度应该尽量理性宽容，目的只能是为了下一次更好，不能对活动参与者或组织者进行人身攻击。不能因为在活动中出现失误就任意对组织者或参与者进行人格方面的负面评价。

活动参与者和组织者，应该虚心对待同伴们的建议和批评，应对理性公允的提议或批评应该做出积极善意的回应。不能以“我是在做好事”或“别人没有参与就没有发言权”等理由来拒绝别人的批评，拒绝他人的监督。志愿者之间应该求同存异，不能以己之所好、己之所恶强加于人。任何时候在组织内部都应该尊重自己的伙伴，而不是以苛刻的理念要求他们，更不应该以一种自以为是的道德优势给他们一些不道德的压力。这是一种基本礼貌，也是一种真正有效的行为策略。自己可以以高标准要求自己，但永远都不应该对他人提出高于社会普遍水平的道德要求。这是一种真正的善良和有价值的行为模式。

二　志愿者的工作技巧

所谓工作技巧是指较高的工作技能，它建立在工作技能之上，但又高于一般的工作技能。它具体表现为志愿者在工作时采用较高超的策略和方法，以达到较好的工作效果。

在志愿者从事志愿工作时，必须掌握一些通用的工作技巧，如：应变技巧、沟通技巧和合作技巧等。这些技巧无论对于志愿者做哪一项志愿工作都有着十分重要的作用。

（一）志愿者工作的应变技巧

志愿者进行社会服务，并不是一项简单、机械的工作，在服务的过程中，常会遇到一些突发事件。如何处理好突发事件对于志愿者的工作能否顺利完成有着至关重要的作用。由于突发事件都是出乎意料、防不胜防的，处理起来往往比较棘手，因而处理此类事件，除了要求志愿者有广博的知识和良好的素质外，还需要具备一定的应变技巧。所谓应变技巧，就是指志愿者能够较好地应付事态变化的能力。以下就如何培养志愿者工作的应变技巧加以阐述。

1. 平时的积累

认真参加各项培训活动。在志愿者社会服务工作开始之前，有些主办机构会举办一些培训活动，以提高志愿者的服务技能。志愿者千万不可忽视这些培训活动，因为培训师往往会传授应对突发事件的技巧。由于培训师通常是某项社会服务或活动的专家，因而他们在日常工作中积累了相当丰富的经验，认真学习他们的工作方法和技巧，对于志愿者自己从事社会服务将起到积极的作用。

2. 经常向有经验者讨教经验

在志愿者第一次参加社会服务工作时，往往会因为缺乏经验而感到紧张或害怕。在工作开始之前，向身边的有服务经验的人请教是十分明智的。他们可以帮助消除紧张心理，并传授一些心得体会给新人。

3. 临场发挥

正确处理突发事件除了需要志愿者平日多做准备之外，临场的发挥也很重要。志愿者在处理突发事件时，应该掌握以下原则：

保持镇定，冷静思考对策。在志愿者工作的过程中，如果发生了突发事件，志愿者首先应该保持镇定，尽快全面了解事件的具体经过，判明有关情况，积极寻找对策。如果志愿者没有冷静的头脑，不能做到镇定自若，那么就会产生情绪波动，这反而会给突发事件的处理带来更大的障碍，使事态进一步恶化。因此，志愿者在面对突发事件时，必须沉着冷静，实施有效的措施。

随机应变，寻找最有效的方案。面对突发事件，志愿者要充分发挥主观能动性，打开思路，寻找最有效的解决方案。有时一个方案不行，就要寻找两个或两个以上的方案，直至把问题解决。在寻找方案的过程中，志愿者千万不可气馁，要正视困难，用自己的聪明才智正确处理突发事件。

（二）志愿者工作的沟通技巧

1. 沟通前的心理准备

在志愿者与他人沟通之前，有一个心理准备过程。如果志愿者具备良好的心理素质，调整好心理状态，那就可以较好地与他人沟通，促进服务工作的顺利完成；反之，如果存在不正确的心态甚至心理障碍，那就会妨碍志愿工作的进行。因此，培养热情、自信、健康的心理状态，克服沟通中的心理障碍对志愿者而言是十分重要的。

（1）克服沟通中的自卑心理。克服沟通中的自卑心理，主要是保持心理上的健康与平衡，要学会正确地认识和评价自我。具体说来，首先，要正确地评价自己。战胜自卑心理，要从改变自我认识着手。要实事求是地看待他人和自己，对他人和自己的优缺点要能够正确地比较。克服自卑就要找回自信，从具体小事做起，一次成功会增强自信，成功体验多了，自卑感就会逐步被克服。最后，要勇敢地面对自己的缺陷，正确对待挫折。正确的态度是承认和接受事实、接纳自我、扬长避短，这样就可以克服自卑，与他人顺利沟通。

（2）克服沟通中的急躁心理。在志愿者做社会服务工作时，会遇到各种各样的服务对象。有些服务对象，志愿者可以与其毫无障碍地沟通，但也有些服务对象，志愿者与其沟通时会比较困难。在与一些有沟通障碍的人沟通时志愿者往往会产生急躁心理，有时一句话反反复复说了好多遍，对方还不能理解是十分痛苦的事，于是有的志愿者就变得失去耐心，不愿和对方沟通了。克服沟通中的急躁心理，首先要求志愿者认识到其危害。只有充分认识到它的危害，才有可能自觉地去克服它。志愿者在与服务对象沟通时，如果产生急躁心理会给对方留下不好的印象，破坏自己甚至整个志愿者团队的形象，因此，在工作中一定要沉下气来，三思而行。其次要有克服急躁情绪的决心，并落实到行动上。应当看到，世界是复杂的，不可能都按我们个人的意愿行事，任何一件事都可能受到其他因素的制约。有时光靠“急”是解决不了问题的，反而会将事情弄糟。最后，适时进行自我暗示，可以帮助消除急躁心理。如：当急躁情绪出现时，就自己提醒自己；也可请人在发现自己有急躁情绪而自己尚未意识到时，及时提醒一下。这样能帮助自己恢复情绪的常态，避免沟通中的矛盾。

2. 善用肢体语言

人们之间的沟通方式除了有口头语言和书面语言之外，还有手势、眼神、触摸等多种肢体语言。肢体语言是一种无声的语言、广义的语言。肢体语言作为口头语言和书面语言的补充形式，可以帮助人们获得更好的沟通效果。善用多种形式的肢体语言可以提升志愿者服务工作的效果。

（1）手的语言技巧。人的手可以表达多种情感、思想，从手指、手掌到手臂都能传递语言信息。志愿者可以通过观察对方的手势掌握其内心的真正感受，或利用手势更好地表达自己的想法，使沟通更有效。一般认为，敞开手掌象征着坦率和真诚。判别一个人是否诚实，有效的途径之一就是观察他讲话时手掌的活动。常见的掌语有两种：掌心向上和掌心向下。前者表示诚实、谦逊，不带任何威胁性；后者则是压制、指示的表示，带有强制性，容易使人产生抵触情绪。在志愿者工作时，应适时敞开手掌，以显示自己对服务对象的真诚。大拇指也常能反映出人的心理活动。当双手插在上衣或裤子袋里，伸出两个大拇指，是显示“高傲”态度的手势；双臂交叉胸前，双拇指翘向上方，则既显示出防卫和敌对情绪，又显示十足的优越感，有这种习惯的人不易接近；若在谈话中将大拇指指向他人，立即成为嘲弄和藐视的信号。背手有时候可以起到“镇定”作用，人的双手背在身后，能缓和紧张情绪。

（2）脚的语言技巧。人的脚不像手那样容易引起他人的注意，脚表达的语言技巧也不如手那样丰富多彩，但是脚的动作却能更直观地揭示对方的心理。例如：人在挑衅时双脚挺直，厌烦或忧郁时双脚无力，兴奋时手舞足蹈。在某些场合下，抖脚表示轻松、愉快；跺脚表明兴奋（但在愤怒时也会跺脚）；脚步轻快表明心情舒畅；脚步沉重说明疲乏，心中有压力等。

（3）眼神的语言技巧。“眼睛是心灵的窗户”，透过一个人的眼神可以深入一个人的内心。当人们与陌生人打交道时，最先看的就是对方的眼睛；衡量一个人有没有撒谎时，也是看对方的眼睛；判断对方的诚恳度时，还是看对方的眼睛。因此，志愿者在工作中应该学会察言观色，善于观察别人的眼神。

（4）微笑的语言技巧。微笑能给人一种容易接近和交流的印象。善于沟通的人在与他人交往中的第一个动作就是面带微笑。一个友好、真诚的微笑会给别人传递许多信息。在志愿者工作时，如果经常面带微笑可以使沟通在一个轻松的氛围中展开，同时也展示出志愿者的自信心，易于使沟通达到预定的目标。动人的微笑需要良好的心态，人在心情低落时，微笑是僵硬的，会让服务对象感觉不真诚。因此，志愿者在工作时，应该时时要求自己欣赏服务对象，努力寻找对方的优点、闪光点，引导自己产生愉快的心情，为“发自内心的微笑”准备起码的心态。

3. 化解沟通中的矛盾

在志愿者与他人沟通的过程中，有时会出现矛盾。矛盾无处不在，无时不有，关键是如何处理矛盾、化解矛盾。如果有了矛盾不能正确地处理，就会使矛盾恶化，影响志愿者的服务工作；反之，就能使工作顺利开展下去。

（1）勇于承认自己的错误。在工作中，谁都会犯错误。在错误发生后，要勇于承担，不要推卸责任。如果出了事情只知道责备他人，不从自己身上找原因，就会与他人发生矛盾，这是志愿者工作中的重中之重。要做好志愿工作，就要勇于承认自己的错误。

（2）允许对方发泄。如果在沟通中发生了矛盾，并且是由于志愿者工作中的错误导致的，那么当对方生气时，志愿者就要学会容忍，允许对方发泄。人在生气时都会难以抑制心里的怒火，忍不住要发泄出来，这是一种正常的表现。有时，脾气发出来了，心情就好了。志愿者在遇到这种情况时，要懂得忍让，不能以怒制怒。如果双方剑拔弩张，那是不利于解决矛盾的，只会使矛盾更加激化。

志愿者的社会服务工作本来就是服务性质的，其最大的目的就是让服务对象满意。如果志愿者犯了错误，对方发几句牢骚那也是正常的，志愿者千万不可态度恶劣，与对方大吵大闹。正确的做法应该是安抚对方，让对方冷静下来，同时寻找弥补过失的最有效方法，把损失降低到最小。

（3）用幽默扫去尴尬。幽默是一种富有魅力的语言艺术，它能给人以轻松有趣的感受，还能扫除沟通中的尴尬，化解矛盾。因此，在志愿者的沟通工作中要善用幽默这一手段来达到沟通顺畅的目的。

4. 怎样使沟通更有效

在志愿者工作的过程中，沟通是非常重要的。但是，光沟通不行，还必须有效地沟通。有效地沟通可以使志愿工作事半功倍，获得让服务对象满意的效果。因此，志愿者必须掌握有效沟通的技巧。

在日常工作生活中，人们往往把沟通等同于掌握读、写、说的技能，但事实上，我们在日常的沟通过程中，花费了近40%的时间用于倾听。因此，可以说，沟通首先是倾听的艺术。在倾听的过程中，应注意以下几点：

（1）耐心倾听别人的讲话。有的人天生比较喜欢说话，在与别人交流的过程中，只顾自己滔滔不绝而忽略别人是否要讲话，这在志愿者的工作中是十分忌讳的。此外，在听别人说话时，一定要有耐心。在志愿者与他人谈话的过程中，即使对方表达缺乏条理，语言烦琐，也要继续听下去，并尽量控制自己的反应，切不可显示出烦躁不安的情绪。

（2）及时给予对方回应。在倾听的过程中，要用语言或非语言的动作来表示自己正在认真倾听对方的讲话。这样可以使对方感觉你很专心，并且已经领会了他的意思。有时对方会间接地表达出自己的想法，这时志愿者要抓住他说话的要领，及时给予适当的回答，让服务对象满意。在某些情景下，并不需要志愿者用语言回应，只需一个眼神、一个微笑或点一下头等动作就可以表达自己对对方的回应。

（3）适时适度的提问。在倾听过程中，恰当地提出问题，往往有助于人们的相互沟通。沟通的目的是获得信息，知道彼此在想什么，要做什么，通过提问的方法可以获得这些信息。同时也可以从对方回答的内容、方式、态度、情绪等其他方面获得信息。但是，提问必须适时适度。在交谈中遇到某种问题未能理解，应在双方充分表达的基础上再提出问题。过早提问会打断对方思路，而且十分不礼貌；过晚提问会被认为精神不集中或未能理解，也会产生误解。

（4）学会赞美。每个人都有赞美别人和接受赞美的天性。赞美是人与人交往的润滑剂。在志愿者与他人沟通的过程中，要学会赞美对方，这样可以使沟通获得更好的效果。具体说来要注意以下几点：

赞美别人要有针对性。在志愿者与服务对象接触的过程中，不可能每时每刻都赞美对方，否则就显得很虚伪。因此，赞美别人要有针对性，要学会从具体的事件入手，善于发现别人哪怕是最微小的长处，并不失时机地予以赞美。如果只是含糊其词地赞美对方，效果就很差。比如：在赞美对方穿得很漂亮时说，“您今天穿的衣服的颜色是今年最流行的”，比简单地说，“今天您给人的感觉不错”的效果会更好一些。因为这会让人感觉自己今天真的很漂亮，而不是一句简单的客套话而已。

赞美别人要有真情实意。虽然人人都喜欢听赞美的话，但并非任何赞美都能使对方高兴。能引起对方好感的只能是那些基于事实、发自内心的赞美。相反，你若无根无据、虚情假意地赞美别人，对方不但会感到莫名其妙，还会觉得你油嘴滑舌。因此，赞美别人一定要在基于事实的基础上，适当地赞美。

赞美别人要善抓机会。在赞美别人的时候，志愿者要利用各种偶然出现的情景，或者是对方无意之中表露出来的、引以为荣的事进行赞美。例如：当老者无意间谈到自己年轻时自豪的经历时，志愿者加以赞美，这时的效果就会很好。赞美时用词要恰当，时机要适宜，让对方感觉很自然，这样才会有好的效果。

（5）学会闲谈。乍一看来，闲谈根本不用学。但是，在志愿者的工作中，闲谈未必就很“闲”，它可以是有目的的信息和情感交流。带有一定目的的闲谈，可以拉近志愿者与服务对象之间的距离。在沟通的过程中运用闲谈这一手段，可以拉近志愿者和服务对象的距离，让对方对志愿者有所了解，增进彼此的信任感。这样可以为志愿工作做好铺垫，有利于工作的顺利展开。

在闲谈时要选择好聊天的话题，针对不同的服务对象选择不同的话题。通常情况下，与老人聊天，可以谈谈养生之道、保健方法或是老者年轻时的往事等等；与孩子聊天，可以说说童话故事、电视里的儿童节目等等；与学者聊天，可以讲些轻松、幽默的奇闻轶事等等；与外国友人聊天，可以向他们介绍你所在城市的风土人情、传统习俗等等。

在闲谈时，双方还会向对方提问。但应注意：不要提一些挑战性的问题，以免引起激烈争论，弄得大家不欢而散。也不要在彼此不熟悉的情况下，询问对方的隐私，这会让人感觉很不礼貌。在聊天时，不要自以为是，咄咄逼人，感觉什么都懂的样子。如果几个人一起聊天，还要注意让大家都有发言的机会，不要让个别人占据所有时间。

5. 志愿者工作的合作技巧

俗话说：一个好汉三个帮。这表明在人们日常的生活、工作中离不开与他人的合作。合作是个人或团队之间为了达到某一确定目标，彼此通过协调作用而形成的联合行动，合作要取得成功，也有一定的技巧。

志愿者的社会服务工作，从某种意义上说也是一项合作性的工作，包括志愿者团队内部的合作及志愿者团队与其他组织或个人的外部合作。这里所指的合作技巧专指志愿者团队的外部合作技巧。

相互信任是合作的基础。人与人之间的合作必须建立在相互信任的基础上。如果没有信任，那就无法合作，甚至连基本的交往都不存在。在不同的志愿者团队中，如果成员之间不相互信任，那么就会影响整个志愿工作，有时还会造成负面影响。因而，合作要取得成功，建立相互间的信任是首要的。

培养不同团队中成员之间的相互信任，需要时间和机会，还需要合适的方法。在给志愿者做培训时，首先可以通过一些轻松的练习和游戏，让志愿者洞察自己的观念、思想以及行为模式等，让志愿者充分认识自我。在玩的过程中不要有评价和判断，只是鼓励志愿者积极地参与，这样能帮助他们克服与人自由交流的障碍。其次，要鼓励志愿者之间真诚地交流，让每个志愿者都有机会结识更多的朋友。随着培训的深入，不同的志愿者团队会形成相同或相似的特点，表现出自由的沟通方式、合作与信任、相互接受和理解。整个志愿者大团队将不再是两个或几个团队的简单集合，而是一个整体。虽然各个志愿团队、各个志愿者的差异仍然存在，但是大团队可以体现出一种整体感。成员间更加友善、和睦，团队活力得到提高。

共同的目标是合作的灵魂。不同的志愿者团队合作的目的是实现同一个目标，如果目标不同那就没有合作的必要了。通常情况下，当一个志愿者团队因为人员、资金、物质等资源的缺乏而无法独立完成某项志愿工作时，就需要其他团队的支援了。当其他的团队加入这个团队时，它们的目标就一致化了，都是为社会提供某项无偿的服务。因此，相互团结，相互帮助，为服务对象提供更好的服务应是整个大团队的共同目标。在工作中，无论哪个团队的成员都应把自己最大的能量奉献给社会，在具体工作中兢兢业业、踏实肯干。

此外，需要明确的是：共同目标的树立必须由个人目标汇聚而成，只有借着个人目标的能量，才能汇集成强大的共同目标。如果一个人没有自己的个人目标，那么他对团队的共同目标的态度只会是附和、顺从，而不会表达内心真正的意愿。只有将团队强大的共同目标转化为自己的个人目标，才能激励自己。但是有时团队的目标会和志愿者个人的目标起冲突。比如：在连续几天高强度的服务工作之后，志愿者感到筋疲力尽，希望能有时间好好休息一下，但恰巧这时又有新的任务要完成，那该怎么办呢？我们应该明确的是：作为团队中的成员，志愿者首先顾及的应是整个团队的目标，其次才是个人的目标。个人的目标要服从团队的目标。只有每个成员都把实现团队的目标作为自己最大的愿望，团队才会具有强大的生命力，大目标才可能实现。如果各人只顾自己的小目标，仅仅以实现自己的愿望为目的，只顾眼前利益，不顾长远利益；只顾个人利益，不顾整体利益，那么团队将因为缺少共同目标的支撑而出现危机，甚至会导致解散。

总之，共同的目标是团队的灵魂，它是整个团队中所有人都非常关心的事情。在一个志愿者团队中，共同的目标是促使志愿者努力工作的动力，它可以让志愿者在合作的过程中团结得更加紧密。

延伸阅读

六旬老人伍舒娅：牵头发起“伍大姐普法工作室”

“只要我还能走得动，就要将普法工作一直做下去。”在2019年1月28日南京市“最美平安志愿者”颁奖仪式上，66岁的伍舒娅坚定地说。

伍舒娅，建邺区中城社区居民。退休前在河南省平顶山市司法局工作，从事司法工作长达40余年。退休后，伍舒娅随子女来到南京居住。在参与社区活动的过程中，她发现小区居民由于不懂法而吃了很多亏，社区的基层治理也因部分居民的法律意识淡薄而平添了许多难题，基层普法工作还有很多路要走，因此萌生了在社区成立“普法工作室”发挥余热的想法。

2016年6月，伍舒娅牵头发起的“伍大姐普法工作室”在中城社区正式成立，积极为基层群众提供法律咨询以及普法教育工作。工作室建立健全了一整套法治志愿者招募、注册、考核激励机制，先后整合市、区多方法律援助、普法教育专家等资源，不断扩大法制宣传教育队伍的培育力度，通过“内培外引”的方式，加强了社区的普法力量，打通了法律服务群众的最后一米。如今，建邺区人说起中城社区，肯定会提到“伍大姐普法工作室”。

除此之外，伍舒娅还整合了社区文艺团队，建立了天平文化艺术团，自编自导自演普法类文艺节目，每年天平文化艺术团开展普法文艺演出超过20场次，社区近6000余人接受了普法宣传教育。

“我们希望能够将法律知识更好地普及到基层，让普法工作更接地气，通过努力能将基层社区治理得更好。”伍舒娅表示。

思考题

1.结合志愿者的基本定义，谈谈对于一个合格志愿者的理解。

2.以雷锋的志愿故事为例，从志愿价值角度，谈谈对于雷锋的看法。

3.海德里希提出志愿者角色主要有哪几种？不同的角色在志愿活动中发挥什么样的作用？

4.结合事例，阐述志愿者的基本原则。

第二章

志愿精神与志愿文化

志愿精神是指个人或群体在不受名利驱动、不取物质报酬的前提下，自觉自愿参与社会生活和公益服务、促进社会发展和人类进步事业所体现出的坚定的人道主义信念、强烈的社会责任感和乐于奉献的崇高伦理精神。

第一节　志愿精神的概述

※

志愿精神是指个人或群体在不受名利驱动、不获取物质报酬的前提下，自觉自愿参与社会生活和公益服务、促进社会发展和人类进步事业所体现出的坚定的人道主义信念、强烈的社会责任感和乐于奉献的崇高伦理精神。[①]志愿精神是一种自愿的、不为报酬和收入而参与人类发展、促进社会进步和完善社区工作的精神，是公众参与社会生活的一种重要方式。

归纳起来，志愿精神的内涵可以包括以下诸多要素：从志愿服务主体来说，包括个人或群体（组织）；从志愿服务动机来看，主要表现为自觉自愿、不受名利驱动、不获取物质报酬、乐于奉献；从志愿服务理想目标而言，指基于对和谐、美好生活的追求和向往；从志愿服务最终结果来判断，主要是指促进社会发展、人类进步和自我实现的有机统一。

我国提倡的志愿精神是社会主义核心价值观的具体呈现，是社会文明程度的重要标志。习近平总书记反复强调，要弘扬奉献、友爱、互助、进步的志愿精神，以实际行动书写新时代的雷锋故事，为实现伟大的中国梦做出新的更大贡献。为此，深刻认识、大力弘扬志愿精神，积极推动志愿服务活动朝着制度化、常态化方向迈进，是一项重要而长期的任务。

---

① 张祖冲 . 志愿精神中志愿者责任意识的培育研究 [D]. 上海大学 ,2016:18.

当代中国的志愿精神不仅秉持自由自愿、不为报酬和利他主义的原则，更以科学的世界观和方法论为指导，与改革开放伟大实践相呼应，与建设的高度物质文明和精神文明相统一，于国有利、于己有益。其内涵主要表现为“奉献、友爱、互助、进步”四个方面。[①]

一、奉献是志愿精神的核心理念

奉献是指在不计回报、不求名利、不要特权的前提下，满怀情感地为他人服务、为社会献力、助推人类发展中所表现的无偿服务精神。奉献理念突出表达了个体对国家、民族、社会及他人的责任和义务，有效改善了人际关系，增添了社会温度，是志愿精神的精髓。其中，公共服务意识是奉献理念的时代呈现和志愿精神的最优表达。伴随我国志愿行动不断深入，越来越多的人在奉献中进一步认清自己的社会地位、社会权利和社会责任，更加自觉地遵守社会公德，民主参与公共管理，热心社会公益事业。

二、友爱是志愿精神的重要特质

友爱是指相互理解信任，相互支持帮助，以及志趣相近的人际双方或多方自然流露的亲切情感。友爱理念跨越国界、职业和贫富差距，是没有文化差异、没有民族之分、没有收入高低的平等之爱。社会成员具备友爱的道德情感，是激发形成志愿精神的重要动力。尊重是友爱的基石，面对服务对象，志愿行为不是施舍，不是恩赐，而是平等礼貌地交流沟通，同心同德地蓄积力量，团结友善地攻克难关，友爱与尊重也随之化为志愿精神的最美花朵。

① 廖言，大力弘扬志愿精神．人民网，2014.12.29.

三、互助是志愿精神的根本主旨

互助是指志愿者帮助处于困难危机中的人们改善现状、提升能力、获得发展；受助者摆脱困境后，也会欣然关心他人、帮助他人、回报社会。互助理念强调志愿服务双方互为友好、互为关心、心态平衡的一种精神状态。服务本身也决不是一方单向付出，更不是个人利益的牺牲，而是既有利他一面，也有利己一面，是利他与利己的有机统一，追求人己两利的和谐状态。我为人人、人人为我，赠人玫瑰、手有余香，是志愿服务中互助的生动写照。互助的必然结果是共赢，让志愿精神焕发恒久魅力。

四、进步是志愿精神的实践归宿

进步是指志愿者在帮助他人、参与服务中既提高了个人能力，又促进了社会发展。这是志愿精神的理想愿景，也是志愿事业的发展主题。坚持进步理念开展志愿活动，对于社会，能够汇聚强大的社会力量，推动人们广泛参与社会活动，增加社会福利总量，提高社会治理水平；对于个人，能够推动志愿者增强服务社会的责任感，在不同岗位上、不同活动中发挥自身优势，贡献才学能力，升华精神境界，使自己的人生更加精彩。

第二节 志愿精神的起源

志愿精神起源于19世纪初西方，从古希腊的共同体精神、宗教的“慈善”公益思想、到近代及现当代的利他精神与公益理念，这些构成了志愿精神的文化源流。

中国也有着悠久的志愿精神发展源流。从我国传统文化中的儒家“仁爱”思想、墨家“兼爱”思想、道家“泛爱”思想、佛教“慈悲”思想，到当代雷锋精神的传承与发扬，这些都构成当代中国志愿事业发展的理论支撑。

一、国外传统的志愿者理念

国外传统的志愿理念受到古希腊时期柏拉图和亚里士多德的城邦共同体精神，以及西方宗教中“爱己及人”的公益精神影响比较大。

（一）古希腊时期城邦共同体精神

柏拉图将灵魂分成了理智、激情和欲望三部分，概括出智慧、勇敢、节制、正义这“四元德”，并在这四种美德的基础上总结出了城邦的共同体精神。柏拉图在自己的哲学对话篇中，由苏格拉底所提出的“人要对自己的灵魂操心”的问题出发，提出了更为明确的“灵魂论”。柏拉图认为，以理性为本质的灵魂进入人的肉体之后，就被囚禁在肉体之中．其被分割为理智、激情和欲望，激情和欲望必须服从理智的指导，使灵魂一致，灵魂才将拥有“正义”的德性。

亚里士多德根据自己的理论论证了与柏拉图基本一致的观点。他认为“人的善就是合乎德性而生成的灵魂的现实活动”。道德本性要求道德成为人类生活的精神规范，这是道德产生以来的必然结果，包含着人类原始的道德冲动。在相当程度上，道德本性规定了“应当”选择的正当性，日常生活当中的道德即是生命的个体世界联系外界的重要介质，它较为稳定地维持着个人生活的精神信仰。顺应道德的要求构成了个体生命纳入整个社会生活的必要条件，从而使其获得生存的归属感。

（二）西方宗教的公益精神

西方宗教中将爱分为以下两个部分：

1. 上帝的博爱

在西方宗教中主要指上帝对人的爱。在基督教中，爱的本质和根源是上帝的存在和上帝的品德，没有上帝至高无上的权威与恩赐的帮助，就没有人与人之间的爱，人对邻人的爱根源于上帝之爱，对邻人的爱是人对上帝爱的具体表现，上帝之爱是一种彻底的自我给予与自我肯定的爱。

2. 人之爱

爱上帝、爱邻人及爱仇人都是对上帝之爱使命的回应。

（1）爱上帝。《圣经》要求人要尽心尽意爱主并将其作为诫命中的第一，且是最大的，其次是要求人爱人如爱己。这两条诫命，是律法和先知一切道理的总纲。

（2）爱邻人。《圣经》中讲述耶稣认为凡遵行我天父旨意的人，就是我的弟兄、姐妹和母亲。由此可见，这里的“弟兄、姐妹和母亲”已经超越了传统意义上的血缘关系，即将所有的邻人（包括门徒）都当成自己的弟兄、姐妹和母亲来爱护。

（3）爱仇人。基督教提倡“博爱”，主张“爱无差等”。此处的博爱超越了国家、民族、阶层、文化、血缘和敌我的界限。

基督教从“原罪”出发，以信仰上帝、获得救赎为路径。基督教伦理观要求人们把上帝视为自身赖以生活和发展的精神支柱，只有爱上帝，并在此基础上去爱他人，与上帝建立起和谐融洽的关系，达到“神人合一”的境界。

二、中国传统志愿精神与现代志愿精神

中国悠久的历史文化和中华传统伦理道德是志愿精神能够在中国生根发芽的肥沃土壤。

（一）中国传统文化中朴素的志愿精神

1. 儒家的“仁爱”思想

孔子把“仁”视为最高的道德准则和道德境界。孔子提出仁者爱人，“樊迟问仁，子曰：‘爱人’”。从字面看“仁”字，它由“人”和“二”两部分组成，也就是说“仁”的践行不在一个人，而是在人与人交往的过程中表现出的友善和关爱。“仁”的出发点是“爱人”，即对他人要有关爱之心、同情之心。但是，孔子的爱人是有区分的。他一方面主张，“泛爱众而亲仁”，另一方面又认为“立爱自亲始”。因此，爱是有差别的，即从“爱亲”到“爱人”。也就是说从爱自己的亲人开始，到爱众人，爱他人。在爱人的实现方式上，孔子主张“推己及人”。从积极方面来说，就是“己欲立而立人，己欲达而达人”，这就是“忠”；从消极方面来说，就是“己所不欲勿施于人”，就是“恕”。

孟子认为，人天生是善的，人人都有“恻隐之心”，这是仁的善端。“恻隐之心”就是同情心和爱心，它是与生俱来、不学而能的“良知”和“良能”。如果人们有了恻隐之心，人们就可以实现“仁”。孟子提出，“老吾老以及人之老，幼吾幼以及人之幼”，并不要求一个人像孝敬自己的父母那样去孝敬所有的老人，像关爱自己的孩子那样去关爱别人的孩子，只是运用同理心，将自己已有的温情向外扩大而已，这源自人的本能，顺应人类本性。

2.墨家“兼爱”思想

墨子提出了以“兼爱”为核心思想的墨家学说，以“天下之人皆相爱”的口号勾勒出平等友爱的和谐画面。墨子认为，先秦社会之所以失范，在于人与人之间不能相爱。墨子说：“诸侯不相爱，则必野战；家主不相爱，则必相篡；人与人不相爱，则必相贼；君臣不相爱，则不惠忠；父子不相爱，则不慈孝；兄弟不相爱，则不相调。天下之人皆不相爱，强必执弱，众必劫寡，富必侮贫，贵必敖贱，诈必欺愚。凡天下祸篡怨恨，

其所以起者，以不相爱生也。”

墨子提出要倡导“兼爱”。其思想内涵包括：第一，“兼相爱，交相利”。墨子指出：“夫爱人者，人必从而爱之；利人者，人必从而利之；恶人者，人必从而恶之；害人者，人必从而害之。”即期望通过互爱行为带来相互间的利益；第二，兼爱是“爱人若己”，要做到“视人之国，若视其国；视人之家，着视其家；视人之身，若视其身”；第三，兼爱是“平等互惠”，并且“宽广无私”的。因此，兼爱强调的是一种个体之间的相互之爱、互利之爱、无差别之爱，它具有平等意义，不论亲疏远近、地位高低，一律视人若己地爱他人。

3.道家“泛爱”思想

道家主张“自然无为”思想，具体表现为，在对待自己方面，推崇“至人无己，神人无功，圣人无名”的境界，在对待他人方面，侧重于对他人自由的尊重和不干预。推崇“上德之大爱”，让人与人之间的相处形成一种淡然的、平和的“无爱之爱”，鼓励人们行善、谦让、宽容。在对待自然方面，老子提出了“道法自然”的观念，要求顺应自然，关爱自然。庄子提出：“泛爱万物，天地一体也。”因此，道家的泛爱是“大爱无形”，要求顺应内心、他人、外物之自然。

道家的“道”即是“得道”，“得道”就是“德”，认为“德者，得也”，强调“以德报怨”“积善行德”才是至上之德，真正“得道者”，道德高尚的人都会以恩德化解或回报怨恨，感化人的心灵。促进社会的和谐，提升人的幸福感。道家思想主要体现了四种人文精神：第一，自爱精神。这展现了道家对于人类生存和生命的关怀；第二，自然精神。主张人道合一的自然境界；第三，阴柔精神。道家把阴柔作为自然、社会、人我关系的普遍法则，一切以阴柔为价值标准，强调柔弱胜强；第四，博大精神。这种博大精神主要体现在包容性上，所谓“广广乎其无不容也”。

4.佛教“慈悲”精神

佛教的核心教义和思想基石就是慈悲。“慈悲”一词来源于梵语，慈的意思是要让众生快乐，给人们幸福；悲的意思是要怜惜众生，帮助人们摆脱苦恼和痛苦。慈悲，即给人快乐，将人从苦难中拔救出来。佛语有言：“大慈与一切众生乐，大悲拔一切众生苦。”慈从悲中来，悲为慈而生，只有慈悲相连，才能有“给予快乐，拔出痛苦”的人生快乐。

中国传统文化中的理论精华成为当代中国志愿精神的宝贵思想资源。志愿精神所倡导的“奉献、友爱、互助”思想，与儒家的“仁爱”思想、墨家的“兼爱”思想、道家的“泛爱”思想，以及佛教的“慈悲”精神都有密切的关联。“奉献、友爱、互助”的志愿精神是对上述思想的继承与发展。[①]

（二）“雷锋精神”与中国现代志愿精神的形成与发展

我国志愿精神的发展在2008年以前一直较为迟缓，由于理论和实践基础的不稳固，志愿组织形式较为单一，活动范围也较为受限，真正意义上的志愿服务开始于改革开放之前。20世纪60年代中期开始，出于社会主义国家对世界上其他第三世界国家的国际义务，中国对亚洲、非洲的许多发展中国家开展了大量的国际援助，内容包括军事、经济等方面。伴随着这些援助活动，中国政府派遣了大量的志愿者到国外参与相应的项目。

国内对志愿精神和志愿活动的真正认识始于“学雷锋”活动。1963年3月5日，毛泽东主席发表“向雷锋同志学习”的题词，全国上下掀起了“学雷锋”系列活动，学习以雷锋为代表的模范人物，开展以全民团结互助、奉献服务社会为宗旨的志愿活动。从此以后，每年的3月5日便成为了社会各界特别是广大青年传统的学雷锋活动日。2000年2月18日，中共中央宣传部、共青团中央等十八部委联合下发通知，确定从2000年开始，把每年3月5日作为“中国青年志愿者服务日”。

雷锋精神作为我们社会主义建设时期现代志愿精神的代表，既承载了中华民族优良的传统美德，闪烁着人民群众平凡而伟大的人性光辉，又具有着“毫不利己专门利人”的时代光辉。其核心是服务他人、造福社会，不求私利、不图报酬，本质上是一种利他主义和奉献社会的精神，因而即使是经历了不同的社会发展时期，仍然具有穿透时空的永恒价值。从这个角度看，我们今天所弘扬的志愿服务精神，以帮助他人、改善社会为宗旨，是对雷锋精神的继承和发扬光大，二者一脉相承，相辅相成，都具有引领人们崇德尚义、向上向善的强大力量。

---

① 陶倩．当代中国志愿精神的培养研究 [M]. 上海人民出版社 ,2013:55.

第三节　志愿精神的特征

※

一、合规律性与合目的性的统一

合规律性主要是指符合社会发展的客观规律。志愿精神的发展合乎社会转型期公民道德和市民社会的发展趋势。在改革开放以来的社会结构转型中，第三产业和社区服务与百姓日常生活息息相关，且正在以日新月异的发展势头进入大众视线，作为政府之外的民间力量——“第三部门”也发挥了自身的积极作用。即“通过志愿提供公益服务”的非政府部门（NGO）或非营利组织（NPO）。“第三部门”从范围上讲是指不属于第一部门（政府）和第二部门（企业）的其他所有组织的集合。作为“第三部门”的重要代表，中国民间公益组织在整个社会转型中迅速壮大，这为志愿精神的兴起和发展奠定了组织基础。志愿精神中所体现的对国家与社会的认同意识、公共精神、慈善精神、社会互助精神契合了现代市民社会中的自由、平等、公正和法治精神，是志愿精神内在的社会公共性价值，也是整个社会精神的内在组成部分。志愿精神的内涵发展是顺应中国社会转型发展的必然结果。

合目的性指符合人的全面发展。志愿精神的发展合乎了全面发展的终极指向。人的全面发展是指，每一个人在以上各方面（是指人的活动、能力、社会关系以及个性等方面）的充分和最大限度的发展，人由此从自然、社会和人自身中获得最大的自由，并从这种自由中获得最大的幸福。从主体看，人的全面发展是指普通个体的全面发展。从内涵方面看，人的全面发展是指人的各个方面所获得的发展，包括德、智、体、美、劳、思维方式和行为方式以及个性、能力、兴趣、性格、气质等各方面的充分发展。从深层本质看，人的全面发展是指人的本性的丰富和在较高层次上回归本真，是人的创造性拓展和人的素质的全面提高。它既是一个可能的发展过程，又是人的发展的一种现实状态，是相对与绝对、有限与无限的对立统一。在志愿服务中，志愿者将道德作为"安身立命"之本，严格恪守并内化道德规范的要求，主动提高道德境界，完善精神世界，以他人之乐为乐，以社会之善为善，追求自我与他人、自我与外在世界的统一，由此实现了志愿精神中的"进步"目标，即促进了人性的不断丰富和个体的全面发展。

总之，志愿精神的发展体现了上述两者的有机统一，既符合社会发展的规律，为社会的发展和进步发挥能动的促进作用；同时，志愿精神的发展也符合个体的发展目的，能够促进人的全面而自由的发展。

二、道德先进性与广泛性的统一

思想道德是经济基础的反映，而不是脱离历史发展的抽象观念。由于我国还处在社会主义初级阶段，多种所有制经济并存，多种分配方式并存，因此人们的思想观念、道德意识、价值取向呈现出越来越强的层次性。这种层次性要求我们在思想道德建设上一定要从实际出发，既要鼓励先进，又要照顾多数，把先进性要求同广泛性要求结合起来，对不同层次的人们提出不同的要求。

从志愿精神的内涵来看，"奉献"体现了道德的先进性和崇高性要求，这是对社会中少数先进分子的道德要求，是社会道德建设的理想目标。虽然现实生活中能达到这样高尚境界的个体不一定很多，但并不意味着这样的境界不存在，相反，它是人类社会永恒的道德追求。志愿精神内涵中的"友爱、互助"体现了道德的广泛性要求，它符合社会多样化的价值追求现状，降低了个体参与志愿服务的准入门槛，扩大了个体参与志愿服务的范围，满足了社会中多样化价值所追求的现实需求。

总之，志愿精神的发展体现了道德的先进性要求与广泛性要求的统一，既弘扬了少数先进分子无私奉献的崇高精神，使其成为人们学习的楷模；同时也兼顾广大群众道德追求的现实层次，鼓励人们积小善而成大德。

三、时代性和继承性的统一

中央文明委印发的《关于深入开展志愿服务活动的意见》指出，以“奉献、友爱、互助、进步”为主要内容的志愿精神，体现了中华民族的传统美德，反映了社会发展进步的时代要求，是志愿服务活动的核心。由此可见，志愿精神既是时代精神的体现，又是中华民族传统美德的彰显。

首先，志愿精神体现了与时代精神的契合。时代精神是一个社会在最新的创造性实践中激发出来的，反映社会进步的发展方向、引领时代进步潮流、为社会成员普遍认同和接受的思想观念、价值取向、道德规范和行为方式，是一个社会最新的精神气质、精神风貌和社会时尚的综合体现。志愿精神作为时代精神的重要组成部分，体现着公民的社会责任意识，是现代社会文明程度的重要标志，是新形势下推进精神文明建设的有效途径。志愿服务领域宽、渠道广，能够广泛动员社会资源，有效弥补政府服务和市场服务的不足，有利于在全社会形成团结互助、平等友爱、共同进步的社会氛围和人际关系，促进公平正义、维护社会稳定；志愿服务以自愿、无偿为前提，能够把服务他人、服务社会和实现个人价值有机结合起来，引导人们在做好事、献爱心的过程中陶冶情操、提升境界，有利于倡导爱国、敬业、诚信、友善等基本道德规范，把建设社会主义核心价值体系的任务落到实处；志愿服务形式多样、方式灵活便捷，适应了社会结构、社会组织形式、社会利益格局发生深刻变化的新特点，能够满足不同层次人们关爱他人、服务社会、展示特长的愿望，有利于充分发挥群众的主体作用，激发群众的参与热情，为精神文明创建活动注入新的生机与活力。

其次，志愿精神体现了与中华民族传统美德的衔接。志愿精神离不开中华民族传统美德的滋养和支持，它内在地融入了中华民族传统美德的内容。我国传统美德强调奉献精神，主张摒弃个人私利，树立对社会、对国家的责任和义务，这种思想深深地影响到了当代的志愿精神；中华民族传统美德强调友爱互助，不局限于一己私利的范围，而是由爱父母、爱兄弟、爱儿女的血缘伦理推及“泛爱众”的社会伦理，构成了一个以友爱互助为基石的人际关系网络；中华民族传统美德强调乐于助人，有着强烈的重义轻利、扶贫济困的意识，主张先义后利、仗义疏财，并将个人私利施舍于他人，以乐善好施作为实现自我价值的方式。中华民族传统美德中的精华内容现已成为当代志愿精神的宝贵思想资源，为当代志愿精神的培育与发展奠定了坚实的理论基础。

总之，志愿精神的发展体现了时代精神与中华民族传统美德的有机统一，既与时代发展要求相结合，又与中国传统美德相承接。

第四节　志愿文化

※

历史学家庞朴运用结构分析方法来剖析文化，他认为，文化结构包含三个层面：外层是物的部分，即马克思说的“第二自然”或对象化了的劳动；中层是心物结合的部分，包括关于自然和社会的理论、社会组织制度等；核心层是心的部分，包括价值观念、思维方式、审美趣味、道德情操、宗教情绪、民族性格等。这三个层面彼此相关，形成一个有机的系统。本节将根据庞朴的文化结构层次理论的划分，从物质、制度、精神三个层面来分析研究志愿者文化的内涵。[①]

一、物质层面

从物质层面看，主要包括志愿者的服饰、志愿徽章、志愿证书等所有与志愿活动相关的物质产品。文化作为一种社会意识形态，应该以一种物质的形式呈现出来；而志愿文化作为文化的子系统也必须诉诸物质层面来表现其内涵。虽然物质层面是志愿文化的表层部分，但并不是次要部分，具有十分重要的地位。奥运会、世博会这些大型赛会的志愿者徽章、志愿

① 刘晓燕．志愿者文化及其在中国的发展研究 [J]. 社科纵横：新理论版 ,2013(2):239-240.

者服饰，不仅是奥运会、世博会等形象品牌的重要载体，而且体现了举办国家、承办城市独特的文化魅力，体现了举办国的民族文化和精神风貌，对于演绎主题、传承文化有十分重要的作用。

二、制度层面

制度层面是志愿者文化的中间层面，其发展的好坏直接影响到其他两个层面即物质层面与精神层面的协调与否，同时也很大程度上决定了志愿文化是否可以长期的、大范围的、有保障地开展下去，只有通过法律和制度的保障，才能为志愿活动以及志愿文化发展提供更好的发展环境。

三、精神层面

志愿文化的精神层面即志愿精神，是志愿者在志愿服务的社会实践中逐渐形成的具有普适性价值的规范、原则和理念的统称，是志愿文化的核心与主体。联合国前秘书长科菲·安南在“2001国际志愿者年”启动仪式上的讲话中指出：“志愿精神的核心是服务、团结的理想和共同使这个世界变得更加美好的信念。从这个意义上说，志愿精神是联合国精神的最终体现。”这句话指出了志愿精神的本质，并将志愿精神概括为：奉献、友爱、互助、进步四个要素。

第五节　志愿文化的价值功能

※

一、志愿文化是构建社会主义和谐社会的需要

2005年2月，在党中央举办的省部级主要领导干部提高构建社会主义和谐社会能力专题研讨班上，胡锦涛同志发表重要讲话，提出了构建民主法治、公平正义、诚信友爱、充满活力、安定有序、人与自然和谐相处的社会主义和谐社会的总目标。弘扬志愿文化，鼓励人与人之间的互帮互助，营造团结互助、积极向上的社会氛围。同时，倡导奉献社会的志愿文化可以在一定程度上解决信任感缺失的问题，引领社会走向诚实互信、和谐共赢的美好局面。

二、志愿文化是个人发展的需要

志愿者在志愿活动的过程中，能够不断提高自我素质、提升自我修养、增强自我责任感，促进全面发展。在奉献社会的同时，实现了自我的人生价值，升华了自我的人生境界。人具有社会属性，因此，弘扬志愿文化，提倡人们走出自己的小家，步入社会的大家庭，积极参与各种社会志愿活动，以达到人与社会的和谐统一。

三、志愿文化是国际交流的需要

一个国家的志愿文化可以代表其国家的精神面貌。在国际化的活动中，志愿者所承载的不仅仅是个人形象，还代表了国家形象。弘扬和改善志愿文化，可以打造充满爱、自信、和谐的国家风貌。随着全球化时代的到来，国际大型活动需要越来越多的志愿者走出国门，走向世界，分享爱与奉献。他们也许有着不同的发色和肤色、不同的语言、不同的国籍，但他们都拥有着同一个响亮的名字——“志愿者”。当今世界风云变幻，和平和发展是当今时代的主题，各国间依存度增强。各国志愿者都秉承着“志愿服务无国界”的思想，通过互联网、国际组织大型活动等渠道积极交流、热情沟通，加强了国家间的交流，促进了世界的和平发展。如诺贝尔和平奖获得者特蕾莎远离家乡，终生在印度为穷人和病人服务，从不为自己、只为受苦受难者而活着。她的善良、慈爱和人道主义感动世人。

四、志愿文化有利于社会主义精神文明的建设

弘扬志愿文化，契合了建设社会主义精神文明建设中的思想道德建设，“普及道德教育，树立和发扬社会主义道德风尚”，“讲文明，树新风”等话语充分展示了人民在志愿活动中实践互帮互助的优秀道德，有利于集中人力，凝聚民心，鼓舞时代精神，同时展示我国人民爱好和平、团结统一、勤劳勇敢、自强不息的伟大民族精神。[①]

五、建立完善的志愿文化有利于节约社会成本

志愿者的志愿服务涉及经济建设、环境保护、灾后重建、战后救助、社会活动等各个方面，为社会节约了大量的资源和成本，为社会建设做出了卓越的贡献。例如在历届的奥运会中都启用大批的志愿者，这样既可以满足主办国广大民众的奥运参与热情，还可以节约一部分成本。

---

① 刘晓燕．志愿者文化及其在中国的发展研究 [J]. 社科纵横：新理论版 ,2013(2):239-240.

第六节　我国志愿文化发展的趋势

※

志愿服务事业是我国社会转型过程中产生的新事物。虽然它的发展历史还很短，但已充分证明中国志愿服务符合时代发展的潮流，符合先进文化的发展方向，符合人民群众的需要，符合当代中国人实现社会价值与自我价值相结合的特点，对促进社会平稳转型和经济社会的协调发展具有重要意义。所以，在全面建设小康社会的大背景下，中国志愿服务事业发展壮大所呈现出的趋势，应该引起党政机关、企业、社团、公众等社会各界力量的高度重视。

一、志愿服务社团独立化

独立化主要应体现在以下方面：一是志愿社团的服务宗旨日趋独立，以服务社会发展和公民生活，特别是服务弱势群体的公平生活为首要目的，同时不受其他机构与组织的干预；二是服务资源日趋独立，可以通过正常的项目运作来筹集经费，而不是依附于单一的机构与组织；三是服务行动日趋独立，具有较多的选择服务领域、服务项目的自主权，可以根据社会需要灵活地调整；四是服务人员日趋独立，由于根据服务项目吸引的多元化资源支持不受制于单一机构，志愿者可以根据自己的价值取向决定是否提供服务。

伴随中国社会转型的进程，各种志愿机构、志愿团体的独立性增强是必然的趋势。目前，国内存在政府资助、海外支持、民间发起三种主要类型的志愿服务组织。由于志愿服务组织自身力量薄弱和活动空间狭小，所以都存在较强的依附性。

第一，政府资助的志愿团体。包括共青团系统的青年志愿者协会、民政系统社区志愿者协会及其他党政部门和人民团体的志愿服务组织。这些志愿团体对为其提供资源的党政部门的依赖较强，从指导思想、服务宗旨、成员挑选、资金支持等方面都带有相关部门的烙印。在志愿服务兴起阶段，政府的资助和支持是非常必要的资源，有利于志愿服务事业的发展。但是，当志愿服务组织成长壮大到一定阶段时就应该拥有自主发展的空间。“如果非营利组织必须提供政府资助的、大部分甚至完全由政府定义的服务，它们很难真正成为政府的‘合作伙伴’。更确切地说，他们应该被称为政府的‘代理人’。作为非营利组织的赞助人，政府可以使后者将其活动集中在某些与其初衷相去甚远的领域”。所以，由政府扶持的志愿服务社团在发展壮大到一定程度之后，应该体现出相对的独立性，增强社会公信力。

第二，海外支持的志愿社团。随着改革开放的进一步深化，国内出现了一批由国外非营利组织支持而成立的志愿团体，它们接受国外组织的理念指导和资金资助，在中国境内开展志愿活动。诚然，这些机构、社团也具有服务社会的良好愿望。然而不可否认，部分国外非营利组织及其成员对中国的国情、制度、文化了解不够，总以其自身的价值观看待中国的发展，往往致使国内受海外支持的志愿团体受到某些影响，作用发挥十分有限。

第三，民间发起的志愿团体。近年来，由民间力量发起成立的草根组织发展迅速，它们以各种身份开展志愿服务活动，争取民间力量的资助和支持。在环保、卫生等领域通过一个生命对另一个生命的帮助与感动，体现公益关怀的力量。

广东省青年志愿者协会研究中心的调查发现，不论是依附政府部门、海外支持或民间力量，志愿服务社团的发展都受到制约和干扰，必须在社会转型的过程中逐渐地探寻自主的发展空间。随着中国经济的持续发展和政治民主化进程的不断深入，一个健康且充满活力的公民社会在不远的未来将发展成熟。这种趋势的必然结果是志愿服务社团的“去行政化、去财团化”倾向，中国志愿服务组织必然会成为真正意义上的“第三部门”。

二、服务内容社会化

在过去传统思维的影响下，志愿服务受到较多的局限。一方面，政府支持的志愿服务组织从事了较多具有行政色彩的活动；另一方面，随着改革开放的不断深入，社会中的各种矛盾日益凸显。由民间发起的具有“草根”性质的志愿服务组织从事为特殊群体维护权益的工作。两者之间存在较大的沟通空间。当今中国，各种理论和实践为志愿服务组织开拓了广泛的空间，激励志愿服务组织依据社会的发展和公众的需求来创新活动方法和模式。因此，中国志愿服务的重要转型就是由单一服务的功能变为提供社会参与、开拓多样化服务项目的功能。其中，“公众参与”应成为志愿服务的重要理念，不仅参与服务弱势群体、参与文化交流沟通，而且参与社会发展事务、参与政府重大决策的产生过程、参与政治民主化进程。

为此，我国的政府部门和社会团体要努力克服两种倾向。其一，克服部门利益倾向。政府部门和社会团体应改变传统观念，克服“部门利益”“团体利益”的影响，以公众利益作为发展志愿服务事业的基础，而不是借助志愿服务活动大部门或团体的利益。其二，克服“作为”倾向。部分人员在政府推进志愿服务的过程中，违背了志愿服务的发展规律，混淆了“裁判员”和“运动员”的角色：既掌握资源资助志愿服务组织，又运用政府资源开展具体的志愿服务活动。这样，就容易将政府支持的社会化志愿服务演变为政府部门控制的专门性志愿服务，制约了志愿服务的广泛发展。从世界各国的经验看，一种强势民主模式应该促进和造就强劲的公民资格和强有力的公民社会，它赋予公民更多、更好地参与自主管理的机会，可促使政府组织从以自身为中心的决策项目安排转向寻求公民支持和授权公民管理的决策安排。同理，不断拓展的公民参与机会，能够保证政府的行动镶嵌于社会之中，而不是强加给社会和公民，这样就能更好地发挥和强化社会的作用。社会化的志愿服务，就是允许和鼓励社会各界参与志愿服务事业，包括政府机构参与、法人参与、社团参与、个人参与等，只有这样才能形成多样化的参与局面，才能为社会发展和公民生活提供全方位的服务。

三、服务筹资的多元化

目前，我国大多数志愿服务组织都存在服务经费不足的问题。最主要原因是政府的支持经费不足和社会筹资不足。从中国社会发展的趋势来看，解决志愿服务经费需求将依赖多元化的渠道。

首先，政府的资助可以由拨款性资助变为竞争性资助。为适应历史发展和科学发展观的要求，政府社会管理部门要逐步从兴办事业的角色中退出来，专心承担社会事业行业管理的角色，把兴办社会事业的责任转移给社会。

当前我国公共服务领域存在着两个比较突出的问题，一是公共服务总量不足，存在日益扩大的公共服务需求与公共服务产品供给之间的矛盾，如农村地区公共医疗资源匮乏。二是公共服务产品分配严重不均衡，广大弱势群体、落后地区和农村地区得到的公共服务严重不足。这些问题的解决，单靠政府不行，单靠社会也不行，需要探索按照政府公共政策和公共项目要求，在社会的大力支持下，由志愿服务组织通过服务方案和服务项目的竞争获得资助，从而进行具体运作的新的公共服务运作模式，这也是在新的历史条件下不断增强政府使用税收资金的公信力。

其次，企事业单位对于志愿性社团组织、志愿服务的资助需要获得越来越多的税收减免待遇。这些资金的直接投入可以使社会服务成本明显降低，效益明显提高。

再次，逐渐增大个人捐助志愿服务的资金比重。由于人们收入增加、生活改善，对于资助社会公益事业和志愿服务活动的热情也不断提高。此外，还可以不断拓展国内志愿社团组织捐助的选择渠道，增添筹资工作的活力。

四、服务结果效益化

我国志愿服务的正式化发展模式是典型的“自上而下”模式。这种模式有利于集中力量办大事，有利于在短期内建立起覆盖全国的志愿服务网络和载体。随着志愿服务活动的不断深入，其借助政府的力量受到社会公众的关注和参与，效益化的趋势也日益明显。

一是志愿服务的科学计量。虽然志愿服务活动是不计报酬的，但是它们对于社会经济发展的贡献率不可忽视。我们可以从两个层面计量捐赠和志愿服务：第一，从捐赠对于国民经济和社会福利的贡献进行计量，计算出它们在这个领域中的比重和贡献率，这对于宏观上推动各国政府、企业和社会重视捐赠和志愿服务可以产生作用，有利于推动政策和法规的制定；第二，从个人参与捐赠和志愿活动的角度进行研究，研究人们参与这些活动的动机，这对于从个体的角度鼓励和支持捐赠及志愿活动会产生积极作用。据调查结果显示，中国志愿者数量的不断增加、服务时间的不断累积、服务领域的不断扩大，使得其影响的深度和广度也在不断地扩大。因此应对其产生的经济社会效益进行计算，并纳入对国民经济发展的贡献率。

二是志愿服务的具体深入。毋庸讳言，目前我国的志愿服务活动存在大型活动化、短期性、非专业性、单一化等特点，伴随着经济社会的发展，志愿服务的发展也将不断深化，必然要转向制度化、长期化、专业化、多样化的走向。志愿者在公共管理、环境保护、医疗卫生、维权服务等领域提供的服务，可以体现独特的社会效益，可以从社会稳定和治理、社区发展与和谐等方面进行科学的评估其产生的具体效益。

三是志愿文化的形成。志愿文化是人们超越世俗需求而进行社会服务，从而升华心灵、培养高尚道德情操的一种价值观念和精神品格，它的价值难以用经济效益来衡量。文化是凝聚一个国家和民族的无形纽带，是维系社会发展的精神支柱。志愿文化在社会中的传播和推广，必然引导广大公民互相理解、互相体贴、互相帮助，共同创造和谐美好的社会生活，从而减少矛盾与冲突，具有不可低估的社会效益。未来中国的志愿服务，不仅将创造更多的国民生产总值，也必然会成为文化建设的重要载体和动力因素，对于我国现代化进程将起到重要的促进和保障作用。

五、服务项目创新化

创新是志愿服务事业不断发展的原动力。志愿服务事业的生命力在于服务项目的不断创新和服务效益的不断提高。社会转型提供了志愿服务开拓的空间，中外交流提高了志愿人员创新的素质，项目创新拥有了主客观条件。然而，关键还是创新的精神要素。总之，信任、诚实、严肃以及信念，为创新行为提供了必要的勇气。尽管在有关创新的学术论著中很少提及勇气问题，即便可能，也很难对勇气实施量化分析。但是，勇气却是创新行为的核心。如果组织没有尝试的勇气，那么它就无法挑战主流思想。信任、诚实、严肃和信念或许是设计和运作一个创新组织所必需的核心价值观，但勇气却是创新事业的实质所在。我国社会转型的趋势，允许公民，特别是志愿者进行大胆的探索和创新，在传统扶助弱势群体、参与公益服务的基础上，志愿者拓展多种服务领域，广泛开展众多服务项目，包括社会公益服务、社会发展服务、弱势群体服务、扶贫开发服务、法律维权服务、公民教育服务、环境保护服务、社会调查服务等。

六、服务保障法制化

我国的志愿服务从初期探索到逐渐成熟、日趋完善的过程，需要法律的支持和保障。志愿服务是自愿、自主、自由的事业。但法律的保障并不是要强制公众参与志愿服务，而是对志愿者合法权益予以保障，对志愿者从事服务的社会奖励机制予以保障。志愿者奉献爱心、时间、精力为社会和公众服务，其合法权益的保护尤为重要。在实际的服务过程中，可能会受到来自某些方面的侵害，是否受法律的保护，标志着社会的文明程度高低。关于志愿服务的地方性法规，一方面保障了社会公众参与志愿服务的权利；另一方面保障了志愿者在服务过程中的合法权益。虽然目前还存在这样那样的欠缺，但是能够从法治的角度支持志愿服务事业的发展，表明了我们这个社会的文明和进步。

志愿服务立法具有很强的现实意义。首先，有助于提升公民对志愿服务的认知水平。长期以来，我国的志愿服务主要依靠群团组织的倡导，缺乏法律上的权威性。以立法来规范和倡导志愿服务，是进一步提升志愿服务地位和作用的最佳途径。其次，有助于志愿服务事业获取稳定的社会支持。目前我国关于志愿服务的经费支持没有形成制度，社会各界对志愿服务的捐赠和资助也极为有限，主要原因是缺乏对捐赠志愿服务给予减免税等优惠政策的法律规定，限制了各方面的积极性。三是有助于解决志愿服务中出现的重大问题。比如志愿服务组织的兴办权限问题，志愿者的权益保障问题、志愿服务过程涉及的志愿者与服务对象的关系问题等。未来的中国志愿服务组织，必然会愈加注重依靠法律的支持，合法地开展社会服务，以促进志愿服务能够顺利地发挥更加重要的社会作用。

七、服务形式社区化

志愿服务的社区化与我国固有的社会结构在市场经济条件下的转型是分不开的。尤其是当前提出的社会管理创新，不仅意味着政府要变革现有的社会管理方式，同时也意味着社会志愿服务组织要尽快介入到政府所让渡出来的领域当中去，防止社会管理的“失位”与“缺位”，这就内在地要求各种志愿服务组织要更好地服务于社区建设。

由于中国的特殊国情，新中国成立后形成了“单位社会”和“单位人”的现象。但随着市场经济的发展，由单位组织构成的社会开始逐渐向社区组织转变，个人的社会身份也日益明显。企事业单位分流人员和各种自谋职业人员、社会闲散人员转由社区管理，政府、企事业单位承担的保障、福利、服务功能也逐渐转由社区来承担。居民生活中的困难向社区反映，社会管理的困难也在社区体现得最为明显。因此社区越来越需要志愿服务的帮助，也为志愿服务的发展提供了新的广阔空间。

在发达国家，社区是志愿者活动的重要载体，志愿活动是在社区这个社会结构层次上进行的。社区是充分利用地方资源、开展各种社会发展计划和社会进步项目的基础。志愿服务组织对于社区建设与社区发展具有重要的意义：首先，社区志愿服务组织是社区居民因为“共同的社会目标”

与“共享的价值观”而形成的组织，这有利于居民更好地参与社区建设；其次，社区志愿服务组织能够整合社区资源，弥补政府部门在社区服务供给方面的不足，更好地满足社区居民个性化、多元化需求；最后，社区志愿服务组织的完善能够形成良好的社会氛围，有助于社区居民的沟通，有利于社会信任的重建。促进社区建设与社区发展逐步实现志愿服务形式的社区化，需要从三个方面着手：广泛宣传“志愿服务人人有责、志愿者人人可为”的理念，使志愿服务走下“神坛”，走进社区百姓的日常生活，使其成为每个人自觉自愿的选择，成为现代人生活内容的必要组成部分；实现志愿服务的均衡发展，不能将工作重点始终放在基础较好的城市，在农村的推动力度应该进一步加大；加快推进政社分开，政府将应由社会承担的职责交还社会，并积极支持鼓励社区自治性志愿服务组织的发展，引导它们在促进社会发展方面发挥更大的作用。

八、服务领域专业化

中国志愿服务发展多年来，在服务领域的开拓方面取得了较大的进展，在扶贫开发、社区建设、环境保护、大型活动、抢险救灾等多个领域参与了一系列的志愿服务项目。但不难发现，这些项目多属提供人力服务的类型，技术含量较低，我们将其称为传统服务领域。传统服务领域是当前志愿服务的重要着力点，我们不能因其技术含量低而有任何的轻视。相反的，正因为对志愿者的技术要求不高，传统领域反而成为最广泛地吸引各界民众参与志愿服务的载体，为志愿服务的普及创造了条件。但是新领域的开拓是志愿服务组织未来发展的重点。

从国际志愿服务事业的现状看，专业技术性服务占了相当大的比例。联合国志愿人员项目涉及的专业性领域有多个，如农业、卫生、教育、职业技术培训、工业技术、交通、环境保护和人口研究等等。联合国开发计划署驻华代表处提供的资料显示，联合国志愿人员项目常设志愿者以供候选，每年有来自各个国家的志愿者在某个国家服务，大都是专家志愿者。当今世界是知识与科学技术的时代，人们对知识和科学技术的需求会日益增加。中国专业技术志愿服务建设必须进一步加强，以适应不断提高的服务需求。一方面可以组建一批医疗卫生、健康教育、技术培训、人力资源开发等专业技术性志愿服务组织，注重从青年专业技术人员中招募志愿者，建立中国专家志愿者、技术性志愿者信息库；另一方面也要注重提高传统服务领域的技术含量，不断引入新的志愿服务模式，加强对志愿者的技术培训。可以预见，在志愿精神日益深入人心和社会经济快速发展的背景下，志愿服务组织在专业技术领域的工作必将持续发展，直至成为志愿服务的主体与重点。

九、交流合作国际化

加强国际间的交流与合作是中国志愿服务事业适应全球化趋势的必然选择。尤其是发展中国家更需要通过国际交流与合作来学习先进经验，树立国家形象。中国曾首次举办了“志愿服务国际会议”，来自世界各地的多名代表齐聚北京，这是中国志愿服务事业走向国际的重要标志。应该说，我国目前已具备了开展国际志愿服务合作的条件。

从组织建设看，国内的志愿服务组织建设已渐成体系，具备了与国际组织进行合作的组织基础。从人员条件看，我国已拥有一批懂技术、懂外语、有经验的高素质志愿者，具备了成为国际志愿者的条件。从合作项目看，联合国志愿服务的重点项目如扶贫与发展、妇女儿童保护、文化教育等，我国都曾有不同程度的参与，积累了相关的经验。从资金看，国际志愿服务项目一般都可以得到国际组织、受援国及有关企业的资助，资金的困难可以得到缓解。志愿服务是全人类共同的崇高事业，中国的志愿服务事业理应成为其中的一支重要的推动力量。

十、发展机制合力化

在互动合作的社会治理模式下，我国志愿服务组织的发展机制，应当是由政府、社会和志愿服务组织三方“合力”组成的工作系统。

首先，是志愿服务组织发展的政府促进机制。具体包括如下四个方面：一是重塑政社关系，从二元合一到政社互动，即构建政府与志愿服务组织的互动合作关系，确立志愿服务组织的合法性、保障志愿服务组织的独立性。二是理顺政府与志愿服务组织之间的权力关系、利益关系和责任关系，政府应放松对志愿服务组织准入门槛的规制，改革对志愿服务组织的双重管理体制，整合志愿服务组织管理机构。三是夯实志愿服务组织发展的法制基础，解决志愿服务立法与现有法律的配套问题。四是明确政府和社会的财政、税收、经费、宣传等方面的支持和保障，进行志愿服务组织管理方式的创新。

其次，是志愿服务组织发展的内部治理机制。良好的内部治理是志愿服务组织得到政府和社会认同的关键。具体体现在如下几个方面：一是志愿服务组织要明确使命，加强自身的战略管理和信息化建设，促进志愿服务组织与政府、企业、社会及个体之间的联系，促进社会资源整合；二是调整好志愿服务组织的内部治理结构，实施绩效评估，以达到优化志愿服务组织内部构造和功能的目的；三是完善志愿服务组织人力资源管理制度，提升人力资源结构，保障志愿服务组织队伍的稳定性和管理的针对性；四是健全志愿服务组织财务管理制度，提高志愿服务组织的公信力。

其三，是志愿服务组织发展的社会协同机制。要实现对志愿服务组织的良好治理，成熟的公民社会、浓厚的志愿服务精神、深刻的社会文化认同及广泛的社会监督，是社会协同机制的重要组成部分。一是要整合信任、非正式规则、社会网络关系以及文化观念等社会资本，培育深厚的公民社会底蕴；二是结合中国传统文化倡导志愿慈善的精髓，大力普及和弘扬公众志愿文化；三是健全对志愿服务组织的社会监督机制，包括直接利益相关者的监督、社会公众监督和新闻媒体监督等。

延伸阅读

江苏最美生态环保志愿者——盛建

2019年6月5日，“世界环境日”全球主场活动在杭州举办，其中，江苏省的盛建获得了“最美生态环保志愿者”的奖项。

盛建十分“懂水”，自2001年大学毕业后，他一直从事水质监测工作。在此之后，他曾通过20多次国家级水质检测质量控制项目考核；荣获南京市自来水总公司“技术能手”称号；走访和监测过南京市以及江苏省其他城市的上百座水

厂；处理过市民水质投诉，解答数千户市民饮用水问题……但其实，“懂水”对他来说只是第一步。对他而言，“懂水”是为了做更有意义的事。

2011年，盛建和志愿者们组建“南京爱心之旅”团队，开展宣传保护水环境的公益项目——“绿水行动”；2013年3月，盛建和志愿者们组建了全国首个城市河道环保漂流队——“绿水环保考察漂流队”；2014年3月，盛建“应聘”成为南京市城市环境综合整治指挥部的市级群众监督员；2017年1月，为保护南京的母亲河，盛建通过民盟南京市委，向南京市政协提出《关于南京黑臭河道治理的建议》的提案……数十年来，作为“绿水行动”的公益项目负责人，他带领着环保志愿者，组织市民开展了数百次环保公益活动，还考察了20多座水库、40多条河流和100多个废弃矿山宕口。

盛建与志愿者们一直在努力实践，深入社区、学校。他们通过开展一场场创新且有趣的环保活动，把爱水、节水、护水的公益精神传播给各行各业的市民，同时，也吸引了一批批学生、市民参与到守护水环境、爱护水环境的环保实践志愿服务工作中去。

思考题

1.结合实际情况，谈一谈对志愿精神的内涵的理解。

2.简述志愿者精神的特征，并举例证明。

3.谈一谈在中国特色社会主义时代背景下，志愿文化的积极作用。

4.对比英国与中国志愿文化发展的差异。

第三章

志愿者基础理论

志愿者能够顺利开展、圆满完成志愿活动，其背后有着坚实的理论支撑。志愿者通过志愿服务，满足了志愿者“自我实现”的目的，达到了社会互助的要求，也促进了社会和谐。自我实现论、社会互助论、和谐论，这三大理论构成了志愿者的基础理论。

第一节 自我实现论

※

“自我实现”原为哲学概念，在新黑格尔主义伦理学的核心命题中，“自我”，代表的是人类共同主体精神的自我，包括“个人自我”和“社会自我”。“自我实现”相应被理解为“实践的自我实现”，它超出个体自我，与社会自我的实现融为一体，将实现的目标延伸至更高层面的意义，这与马克思眼中的“自我实现”所指内容相近。从历史唯物主义的角度来讲，个体在实践的过程中，通过确立满足自身需要的具体目标，通过克服障碍，创造性地改造外部环境，使自身需求得以平衡与满足的过程就是人自我实现的过程。在现代社会，人们开始以一种崭新的视角来开发和从事志愿服务活动，即将其视为自我实现的途径。

一、中外自我实现理论的思想

1.中国传统文化中关于自我实现理论的思想

自我实现不仅是人类自身生存和发展的客观要求，也是人类自诞生之日起就一直在追溯与探寻的中心。在中国，“自我实现”（self-actualization）属于翻译名词，中国古代先哲更多是从道德的层面入手，强调个体的自我实现与民众心愿的相一致，它是个体身上种种美好德行与修养的集合。《论语·为政》中，孔子自述“三十而立，四十而不惑，五十而知天命，六十而耳顺，七十从心所欲，不逾矩”分别阐述了人类各个年龄阶段所需实现的自我。《礼记·中庸》中有云：“仁者，人也。”这不仅表明了圣人在心灵修养上的最高造诣，而且此种对人性极致的追求就是古人自我实现的表现。另外，《中庸》中讲圣人要“尽人之性”“尽已之性”，要求人们把心中的善良本性全都实现出来。同样，孟子主张人性善，扩充的这个“善”与孔子“仁”的思想均属于自我实现的内容。《逍遥游》中庄子提到“至人无己，神人无功，圣人无名”，其中“至人”“圣人”“神人”映射出古代思想家十分重视个人的内在修养与心理境界的纯洁。从这点上来讲，中国古代先哲关于人的自我实现的思想的起步并不落后于西方学者对自我实现的探索和认识。

2. 国外自我实现理论的思想

不同于我国古人自我实现理论，国外自我实现理论更多地从人本身的角度出发，以人个性的充分发挥为前提，强调个人与自身，个人与他人，个人与社会的和谐、健康及全面发展。

（1）历史唯物主义关于人的自我实现理论。历史唯物主义关于人的自我实现的理论是从人的本质入手。它们认为，人是一切社会关系的总和，是社会性和实践性的统一。所以，历史唯物主义选择从人的主体能动性的角度去揭示人的发展规律以及人的发展与社会历史发展的辩证关系。马克思指出，任何个人的职责、使命、任务就是全面地发展自己的一切能力。通过发挥自身的主动性，不断使自己在客观世界中获得资源并实现自我是人所共有的能力与要求。恩格斯也进一步指出，自我实现是人所有的自我发展的主体能动形式，历史正是由无数自我实现者的实践活动所构成，并将其称其为“合力”。显然，自我实现与社会发展二者相辅相成，社会发展与人的自我实现彼此处于促进对方不断生成和发展的关系中。

（2）戈尔德斯坦自我实现理论。自我实现作为一个心理学的概念首次是由机体论心理学的主要创始者戈尔德斯坦提出。他通过对“脑损伤士兵脑功能自我调整的研究”论证了机体内部潜能的自我实现。在他看来，自我实现在本质上是一种普遍现象，人类生存的主要动机和目标就是寻求自我实现。他认为类似觅食、饮水这些使个体身体免受痛苦的行为均属于生理性需求，而对名誉、地位的渴望则属于社会性需求。当生理性方面的需求得到一定程度的满足后，个体身上所具备的更高层面的心理潜能就有机会浮出水面[①]，这与马斯洛的需求层次理论近似。马斯洛在其《动机与人格》一书中指出，人与生俱来五大需要，它们分别是生理的需要、安全的需要、尊重的需要、归属的需要及自我实现的需要。前三个需要属于基本需要，这是人类生命得以生存和延续的必要条件，后两种需要属于成长性需要，它有助于个体更好地创造生命、享受生命。戈尔德斯坦的“自我实现”思想虽然不如马斯洛阐述得全面与深刻，但它的出现不仅奠定了马斯洛自我实现论的理论基石，而且为人本主义心理学的产生奠定了理论基础。

3. 马斯洛自我实现理论

自我实现理论发展至今，最终以马斯洛为代表的人本主义心理学家所提出的自我实现理论应用最为广泛。可以说，马斯洛的心理学本身就是其关于自我实现的产物。但是，马斯洛自我实现理论的构建并不是一蹴而就的，在马斯洛对自我实现进行研究的30年间，自我实现理论也经历着漫长的洗礼与变革。

首先，在需求层次理论阶段（1942—1949年），马斯洛将自我实现作为其动机理论的一部分被附带提出。处于最高层次的自我实现需要并没有得到特别的重视与说明。

其次，在自我实现的经验研究阶段（1950—1960年），马斯洛通过对被测试者的研究，总结出自我实现者的15种人格特征。在这一阶段，马斯洛逐渐将自我实现从需要层次的最高层分离出来并作为一个单独的研究课题，逐渐开始探索自我实现与个体的心理状态和人格特征的关系；随后，在1950年至1960年期间，马斯洛提出了成长这一概念。在这一阶段，马斯洛强调自我实现和成长均具有自发性，是个体体内最原始的渴望与冲动，也由此导致了自我实现概念在使用上更加混乱和易被误解。

最后，存在心理学阶段（1960—1970年），马斯洛提出高峰体验可以作为个体达到自我实现的标准，并且指出，非自我实现者或普通人也有高

---

①[美]亚伯拉罕·哈罗德·马斯洛. 动机与人格[M]. 北京燕山出版社,2013:64.

峰体验，自我实现与非自我实现的区别只是在于高峰体验的程度和频率的不同。

二、自我实现与心理健康

一个学习优秀、工作杰出的人不一定是自我实现者，轻生的高材生与社会精英的事例并不少见。所以自我实现者不仅仅是学业、能力上的自我成就，更重要的是在品格、心理上做一个健康的人。心理健康的人往往“爱人”，并认同自己是全人类的一员，所以乐于参加志愿活动。相应的，这一类活动能够使他们保持洒脱、快乐、机智和幽默感，而不是相反的焦虑、抑郁和社交恐惧。

很多人都以为自己的心理是健康的，这实际上是一种缺乏常识的错觉。心理平衡与心理健康是不同的概念，一个隐居者可能拥有平衡的心理，但不一定是心理健康者。事实上，无论在哪一个国家，达到真正健康标准的人比我们想的要少得多。在心理学范畴内，心理健康这一概念的核心是人格健全，或叫人格成熟。这种类型的人被马斯洛称为“自我实现型人格”或“自我实现者”。

依照马斯洛的观点，心理充分健康的人应具备15个方面的特质：

●对现实有卓越的洞察力并能和现实保持适宜的关系。

●对自我、他人和客观事物表现出最大限度的认可和接纳。

●行为方式自然真实地流露，表现出朴实、纯真的美德。

●以问题为中心，而不是以自我为中心，视野宽阔，关注各种社会问题。

●具有超然独立的特性和离群独处的需要。

●意志自由，不受文化和环境的限制、约束。

●具有清新不逊的鉴赏力。

●能够产生某种神圣意义上的神秘体验和高峰经验。

●更多地具有全人类的共性，爱护人类并认同自己是全人类的一员。

●拥有持久而精粹的人际关系。

●具有民主的性格结构。

●具有强烈的伦理道德观念，绝不为达到某种个人目的而不择手段。

●具有良好的、发展性的、非敌意的幽默感。

●具有创造革新的思想和能力。

●能够抵抗消极社会文化类型，具有独立的内在品质。

自我实现者往往拥有透彻的自我意识。他们以哲人的态度接受自我，接受人性，接受众多的社会生活，接受自然和客观现实。一般人总是身陷于许多冲突、挫折和威胁之中，从而被迫做出某种选择。但对于自我实现者来说，这种冲突、挫折和威胁都很小或者根本没有，他们往往发现和关注生命活动中比较本质的东西。根据马斯洛的理论，“道德”很大程度上是不接受或不满意的现象。例如，打牌、跳舞、穿短裙、喝酒、只吃某一种肉或只是在某些日子里吃肉等，对于自我实现者来说，不仅这些琐事变得不重要了，而且整个生命进程在一个更重要的水平上继续发展。

在自我实现者的世界中，几乎没有冲突存在。任何挑战都是可以被愉快地接受，欲望与理性也相互吻合。自私与无私的争论也消失了，他们每一个行动从根本上看既是利己又是利他。职责与快乐、工作与消遣都不再相互对立。

三、自我实现是志愿者的动力源泉

志愿活动不以营利为目的，但依然能保持旺盛的生命力，原因之一是它符合人们自我实现的需要。志愿者通过志愿活动锻炼才能、增长见识，更重要的是产生助人、贡献社会的心理愉悦。

人有自我实现的需要，而需要的满足与心理健康有着确定的关系，凡自我实现者大多有着健康的心理。自我实现常以真、善、美、正义、奉献、完善、社会尊重、愉悦身心、挖掘潜在能力等为内容，而志愿者不以营利为目的，强调对社会、对他人的奉献，因此在当今社会是人们自我实现的重要活动内容。

有些人认为只有纯粹的利他主义行为才可以称得上是志愿行为。也有人认为，纯粹的利他主义的志愿活动是不存在的，所有的志愿行为背后都存在一定的交换动机和互惠互利目的。无论怎样，至少志愿活动与有偿工作是有根本区别的，就是志愿活动不以谋取报酬为目的。通常来说，人们主要是为了在志愿服务中实现自己的人生价值和社会价值。

首先，志愿活动有助于实现志愿者的人生价值。志愿精神是一种人生价值的重要体现。我们可以用博大之胸怀、独立之人格、自由之精神来表达这种精神，它是志愿者对真善美的挚爱与不懈追求的实现。在对上海市青年志愿者的一项调查中表明，青年的内心世界日益丰富起来的时候，尤其是受过良好教育的那部分青年，就可能有意识也有热情进入社会的公共领域，去寻找自身，表现自身。大学生往往智力水平较高，具有强烈的自我意识，追求自己的人生价值，因此他们会自觉地把自我融入现实生活，并通过积极地构建一个有意义的“世界”来实现自己的人生价值。

其次，一个对社会有用的人才能够真正实现自己的人生价值，所以自我实现者不仅要对生命价值、社会、人类和人生都有一种积极的态度，还要积极投身于社会服务活动中去。志愿者直接以社会困难人群为服务对象，以促进社区福利、缓解社会冲突、满足各种生活需要为目的。所以，自我实现者如果参与志愿服务活动，将不仅有助于提升个人的人生经验和社会道德素质，还能够实现自己的社会潜能。这个过程不仅是对志愿者本人的教育和自我实现过程，对他人和社会也同样具有教育和激励意义。

自我实现之所以是志愿者的动力源泉，是因为它作为人的机体潜能发挥的内驱力，会驱使人们不断地实现高尚自我。联合国教科文组织副总干事N·鲍尔指出：“学生除了要在学校学习一系列课程外，还要意识到，他们是社会的参与者。在年幼阶段，儿童对社会或社区的意识或许主要局限于村庄或邻居，但是参与的意识一旦形成，这种观念就会扩展至县、地区、国家最终至全球社会。”而当代大学生通常具有较宽广的视野和社会关怀意识，他们渴望展现自身价值、证明自己能力，因此在大学生教育中应当有意识地帮助他们参加社区服务、抚幼安老等活动，或是参与大型志愿活动，这将非常有利于大学生的人格成长和心理健康。

第二节　社会互助论

※

在大自然中，那些有互助习惯的动物是最适者，人类本身就是一个证明。所谓的“个人主义”，那是现代的产物，为了保证人类进化的进程，我们应当避免自私自利，加强合作与互助。志愿者活动本质上是一种社会互助，它与早期历史中出现的非营利自愿团体，比如友谊团体、互济社团等有着千丝万缕的联系。所以，我们也可以把近现代兴起的志愿者活动看成是一种社会进化的表现。

一、国内外社会互助论的思想

1. 国内社会互助论的思想

社会互助论也是中国儒家的重要思想，强调社会成员间的互助。在春秋战国时期，著名思想家墨子就主张“兼爱交利”，提出“为贤之道将奈何？曰：有力者疾以助人，有财者勉以分人，有道者劝以教人。若此，则饥者得食，寒者得衣，乱者得治”，以实现人民老有所养、孤幼有所依、无饥无寒和安居乐业的理想。而另一大思想家孟子亦主张“出入相友，守望相助，疾病相扶持，则百姓亲睦”。

在汉代，于吉撰著的《太平经》一书中认为“或积财亿万，不肯救穷周急，使人饥寒而死，罪不除也……然智者当包养愚者，反欺之，一逆也；力强者当养力弱者，反欺之，二逆也；后生者当养老者，反欺之，三逆也”[①]，其劝人互助的思想显而易见。

在宋代，学者张载主张“救灾恤患，敦本抑末”，同时提出敬老、慈幼、扶困、济贫的愿望，等等。

社会互助思想是中华民族的传统美德之一，它是社会成员之间的互助互济，是有余力余财的社会成员帮助无劳动能力或贫困或遭灾的社会成员避免生存危机的社会思想。

2. 国外社会互助论的思想

克鲁泡特金反对优胜劣汰和物竞天择，认为“互助”才是一切生物（包括人类在内）进化的真正原因。他认为，不论是在动物界还是人类中，竞争都不是规律。恰恰相反，不要竞争、避免竞争才是“自然的倾向”[②]。他分别考察了动物之间的互助以及人类在不同时期的互助行为，以论证其“互助”进化论。

生存竞争这个概念是由达尔文和华莱士作为进化的一个要素介绍到科学中来的。克鲁泡特金承认这一原则在进化中的作用，但认为不能犯高估它的错误。他在书中暗示，最适于生存的不是那些在体力上最强的，也不是那些最狡猾的，而是那些学会为了群体的福利，无论强者或弱者都联合起来互相援助的动物。达尔文本人也写道“拥有数量最多的最富有同情心的成员的社会，将最为昌盛，并且繁育最多的子孙”[③]。

所以，研究者认为能够养成互助习惯的动物无疑是大自然中的最适者。那些能够延续数万年的物种，多是具有互助联合原则的物种。在《互助论》中，克鲁泡特金列出了许多动物的互助行为，他们以蚂蚁为研究对象，考察了它们的互助行为模式。

研究者通过观察蚁巢发现每一种工作（如生育子孙、寻找食物、建筑巢穴和饲养幼虫等）都是按照自愿互助的原则进行的。同时，他们还观察到许多种蚂蚁的生活的主要特征是每一个蚂蚁有义务把已经吞在肚里并且

① 杨寄林 . 太平经 [M]. 中华书局 ,2013:78.

② 巴金 . 克鲁泡特金全集 (第十卷). 伦理学的起原和发展 [M]. 平明书店 ,1941:172.

③[英] 查尔斯・罗伯特・达尔文 . 物种起源 [M]. 译林出版社 ,2016:54.

已经部分消化了的食物和集体中的每一个向它索取的成员共享。如果其中有一个饿了或者渴了，接到这样要求的蚂蚁是从不拒绝的；它张开了颚，用一种适当的姿势，吐出一滴透明的流质给那个饥饿的蚂蚁吃。如果一只蚂蚁的亲族与另一个蚂蚁打仗，而它拒不援助的话，它们将比攻击敌人还要凶猛地反过来攻击这只贪心的蚂蚁。不同种群的蚂蚁之间的激烈斗争，使得集体内部的互助、已成习惯的自我献身和为了共同福利的自我牺牲都成为法则。不仅是蚂蚁，在高级动物中也存在着这样的例子，比如狼、狮子、鹿群等。克鲁泡特金发现合群生活使最弱的动物能够抵抗最可怕的猛禽和猛兽，并使动物能消耗最少的精力来养育后代以及寻找新居，从而长寿。所以他们认为，在任何环境中合群都有利于生存竞争，获得进一步进化的可能。人类就是这个论断的最好证明。

霍布斯认为，人类只不过是组织散漫的生物，永远准备彼此战斗。但人类学家经过研究发现，家庭这种私有组织形式是人类进化中的一个很后期的产物。人类及其祖先的原始组织形式是社会、群或部落，而不是家庭。从冰河时期或冰河后期的初期起，最早的人类遗迹已提供了证明人类甚至在那个时候就是结成社会生活的确切证据。甚至旧石器时代的石器，也很少是一件件地单独被发现，相反，无论什么时候，只要发现了一件石器，大多数情况下能发现大批的其他石器。

在人类后来的发展历史中，由于大规模的迁徙使得共同的血统纽带松散开来，当家庭的发展摧毁氏族内部旧有的团结时，人类的社会性天才便创造了一种按地域原则结合的新形式——村落公社。在最初几个世纪的野蛮人始终是爱好和平而不喜欢战争的。当他们在一块新征服的土地上定居下来以后，便很快又从事于耕种和畜牧。而那些剽悍的人，用他们的冒险精神、武器和战争知识来保护渴望和平生活的人们。

在中世纪，联合形式又得到了进一步的创新，但是它所依据的精神——互助是完全一致的。在城市中，除了地域的联合外，由于每个人都又属于各自的行业，所以他们就为了共同的事业而联合起来，组成行会。

二、社会互助论的基本原则

为加深理解社会互助理论的思想主旨，需要进一步阐述互助论思想的基本原则。其主要包括互助原则、正义原则和自我牺牲原则。互助原则源于互助本能，可以说是克鲁泡特金互助论思想的根本原则，正义原则和自我牺牲原则都是建立在这条原则的基础上的。

1. 互助原则

首先，互助是一种本能，源于人和动物过合群性生活的需要。这一点前面已有论述。“互助本能”是克鲁泡特金关于人类互助行为理论的一个中心概念，这是一种人与人之间的互助互卫、患难相扶的本能，其根源则在动物的合群性生活。而动物的这种合群性是比爱和同情更高级的东西，远非仁慈和爱等情感可以概括。克鲁泡特金指出，“把动物的合群性降低为爱和同情，就等于是降低它的普遍性和重要性”[①]。在他看来，与其把这种合群性视为爱和同情，不如把它视为一种社会本能，即互助本能。同情、仁爱等互助情感只是相伴而生的。如果一定要用一个字眼来描述这种本能，他反对用“兄弟情谊”的字眼，而主张用“休戚相关”这个词，认为后者比前者更贴切，更符合现实。克鲁泡特金以兄弟间常有争吵、相杀为例，认同“人种的历史即是以隐杀亚伯这样兄弟相残的故事开端的”这一观点，而“休戚相关”则是与自由相和谐的，表示每个人内在诸因素之间物理的与有机的联系。此外，“休戚相关”虽以同情、仁爱等道德关系表现出来，但“休戚相关”与人类的爱和同情这些概念之间是有明显区别的。研究者举例论证：当人看见邻居的屋子着火时，使他们提着一桶水跑去救火的并不是对于邻居的爱，而是更为广泛的人类休戚相关和合群的本能或情感。

其次，互助是一种人的天性。克鲁泡特金认为，互助作为一种本能，不是静止不变的，而是在人类进化的长河中存在并且不断发展着的，人类还处在几个低级阶段时，互助本能便已深深植根于他们的天性之中。在克鲁泡特金看来，人有两种本能性倾向：狭隘的利己本能和社会性的互助本

① 陈运新．克鲁泡特金互助论伦理思想研究 [D]. 湖南师范大学 ,2008: 34.

能。而成为天性的互助本能更持久更稳固，是导引人类社会不断进步的本能。作为一种稳固的天性存在，这便是互助本能贯穿人类社会始终的原因，也是人类社会存在至今的根本原因。

最后，互助是部落风俗习惯和人类制度的体现。在克鲁泡特金看来，从蒙昧人的部落风俗习惯到野蛮人的村落公社和村落联盟制度，以及随着人类不断向前发展所必然出现的城市、地域单位、行会等组织，其目的都是为了实现互助和互卫，都是人类互助本能的顽强体现。从这个意义上说，互助又是一种风俗习惯和制度。在《互助论》中，这方面的例子克鲁泡特金举了不少，他说："当我们力图深入研究过去时代的模糊情况时，我们就会发现在那时也有以互助为目的的相同部落生活和人的相同的联合，不管这种生活和联合的方式是多么原始。"部落的风俗习惯与随后的人类发展时期的各种组织和制度的出现，无不是以互助为目的的。

综上所述，互助作为一种社会本能，一种人的天性，是贯穿人类社会发展全过程的。也就是说，人类社会的确存在着一种共同的互助原则。

2. 正义原则

生物的合群性生活培养并发展了它们的社会性互助本能，同时也产生了社会性的互助情感而引出一连串规则的创造，在此等规则的基础上便有了公正与人人平等之概念。由此可见，正义原则与互助原则一样，是生物的合群性生活所必然带来的，是人和动物过社会生活必不可缺的根本原则。

克鲁泡特金对正义的论述是很广阔的，问题涉及科学、医学、经济、法律以及无政府主义政党等多个领域。但始终是围绕自由、平等两大问题，可以说自由、平等是克鲁泡特金正义本质内涵的体现。

（1）平等。生存平等主要体现在对每个人生存权的尊重上。平等的生存权利是过社会生活的基础。克鲁泡特金由对人和动物的平等生存权的设想，进而提出对人格尊严的尊重，最后扩展为一条原则：你不愿别人加在你身上的，也就不要加在别人身上，即"己所不欲，勿施于人"。这甚至已经成为现代社会人与人之间的一条黄金律。法国的政论家蒲鲁东认为正义是人生来就有的，主张在相互尊重而不是相互爱的基础上建立新社会。在他看来，"个人尊严感是正义的直接本质与一切道德的根本原则"，要求其他人尊重自身作为人的尊严是每个人的权利，而尊重这种作为人的尊严又是每个人的义务。他指出，我们无法爱每一个人，然而我们可以尊重别人的尊严；我们也无法让每一个人都爱我们，更无权要求别人爱我们，但我们无疑有权要求别人尊重我们的人格。因此，新社会虽然不能建立在相互的爱上，但完全可以而且应该建立在相互的尊重上。克鲁泡特金这种关于人的尊严的思想是建立在平等的生存权的基础上的，因而是人人可以而且应该享有的。一个自由社会只能建立在公平的基础之上。

（2）自由。在我国社会主义核心价值观中认为自由是人类文明发展的共同成果，是人类价值认识中的共识元素，是人类共同的价值追求。自由是人类共同的价值追求，是人类共同价值观中最具有魅力的核心价值。自由为科学社会主义所传承，是全面的、完整的、真实的人类自由的象征，是引领社会发展进步的精神旗帜。自由既高度体现了中国特色社会主义核心价值观积极承接人类文明发展的这一共同成果和人类社会的这一共同价值追求，又高度体现了现实目标与理想目标的有机统一。个人自由与社会秩序对立统一，我们应该防止为了社会的利益而践踏个人的利益，真正的正义在于社会的利益与个人的利益之间和谐的结合，重视尊重个人自由、权利与主动性的倾向和尊重大众共同利益和福祉的倾向。

3. 自我牺牲原则

自我牺牲并非一种纯粹利他的行为，其本身即包含着某种利己的快乐。从法国哲学家居友的生命伦理学角度去理解，生命并不仅限于营养，它还要求富于印象、感情的精神活动。所得越多，则它所付出的也越多，自我牺牲即是与生命不能相分离的东西。居友指出，“个人的生命应该为他人而扩散，必要时还应该为他人而舍弃（牺牲）……这种扩散乃是真实的生命的条件本身。”另一方面，居友指出，生命从生命之杯满溢出来，才是真正的生命，要是没有自我牺牲这种“满溢”和这种“扩散”，我们就会死亡，我们就会从内部枯萎。因此我们必须有这种“满溢”和“扩散”，恰如有些植物必须开花一样，纵然开花之后死亡就会到来，它依然会开花。而道德，无私心即是人生之花。从这个角度讲，自我牺牲虽然带着利他的结果，但却是生命自身价值的实现，是包含着某种快乐的。克鲁泡特金也认为，“无论我们如何行为，或是第一寻求快乐与个人的满足也好，或是甘愿为着某种更好的东西而抛弃即时的欢乐也好，我们都是向着在一定的时间会使我们得到最大满足之方向而行事的。”

三、社会互助是志愿者的实质内涵

志愿者的实质内涵就是互助，是社会互助体系中的重要组成部分。

首先，志愿活动体现了人的社会性。志愿服务不是个人的私人生活处理，而是在一定的公共空间内和特定的人群之间的互助和他助。我们每一个人，从呱呱坠地的那一刻起，就已经和社会、他人建立了某种关系，被赋予社会的意义。一个人从出生时的自然人到成长为一个社会性的人，必然需要他人的服务与帮助。所以，茅盾先生说：“人类的生活，是互助的生活，不单是要求和争夺。”

其次，志愿活动倡导一种公共精神。在意大利的某些地区有着积极的社群组织，这些地区的公民参与社群生活的原因，并不是为了得到庇护，而是因为他们推崇团结、公民参与及整合的公共精神。志愿者是一种以利他和关爱为精神内涵的人，亦是一种公共精神的体现。它把人们拉离个人生活的狭隘视野，而投身到他人与社会的问题中去，如此便扩展了公共生活的空间，从而巩固和优化了社会互助网络。

再次，它以社会团体为载体。志愿服务通常是有组织地开展，这不仅增加了人们的互助经验，也分担了一部分社会功能。使社会结构更加扁平化。在社团组织中，社会信任、互惠规范、公民参与网络和成功的合作，所有这些都能得以形成并且相互支持、相互强化。

所以说，志愿者作为一种社会资本，本质上是一种社会互助行为，而且这一行为具有巨大的社会价值。澳大利亚学者马克认为，一个国家志愿服务的发展程度标志着这个国家社会资本的水平。美国政治学家帕特南的研究发现，志愿活动在建构社会资本的过程中发挥了关键的作用。志愿活动中形成的网络使人们之间产生友情和联合，这是建设一个密切联系的、一体化的社区所必需的关键因素。建立公民志愿服务与社会之间的相互信任和互惠互利，无论对于社会融合、社会稳定，还是经济繁荣都是有利的。

人们的传统道德往往满足于朋友之间、邻里之间的互助，而且随着城市的迅猛发展，许多传统社区被瓦解，单元化的居住格局正在使邻里关系趋向冷漠和疏远，这就更为严重地阻碍了人们之间的交流与合作。志愿服务的开展无疑是一种拉近人与人距离的有益活动，为公众提供社交和互相合作的机会，加强人际间的接触及关怀，降低彼此的疏离感。近年来，通过广泛而深入地推进社区志愿服务活动，不仅为社区成员提供了切实的社会化参与结构和多样化的参与方式，而且也实实在在地引导着人们步出自己居住的狭小天地，在邻里互助和一系列公益性、福利性事业的参与过程中，发展社区成员之间相互关心、相互信任的情感纽带，培育人们乐于助人的宽阔胸怀和高尚境界，形成了出入相友、守望相助的新型人际关系。应当指出，这一新型人际关系不仅是邻里熟人间的互助友爱，而且在参与公益事业、慈善事业等活动中提高和升华为一种社会公益精神和奉献精神。

第三节　和谐论

※

和谐是一个非常“古典”的概念，中外的早期思想家都非常推崇和谐，认为“美在和谐”、研究“数理和谐”，探讨“自然之和、音乐之和、人际之和”，这些思想即使在今天也依然具有生命力。通过对古代和谐思想的剖析，我们发现其共同点，即认为和谐是一种对立统一，所谓“和而不同”。但是不可否认，一个多元的社会，矛盾与冲突也必然增多，这时社会就需要有一个调和的力量。一直以来，志愿者一直以帮困济弱为己任，可以说是社会发展过程中一个不可或缺的和谐之音。

一、中外的“和谐论”思想

（一）中国“和谐论”的思想

和谐最初是作为一种审美意识出现的，之后才被确立为价值理念。著名文化学者修海林先生运用古文字学，并考之以仰韶文化与龙山文化的氏族村落，以为在甲骨文中“和”字从形制上看是由房屋、篱墙、庄稼组成的一幅早期农业社会氏族村落的景观图貌：“犹如一首形象化了的田园诗，其中洋溢着一种生活的谐和感”，“所透露的，是‘安居足食’的内心谐和状态”。

关于中国古代的和谐思想，较早的记载可见于《国语·郑语》。西周太史史伯在为郑桓公分析天下大势时指出，西周将亡，原因是周王亲小人、远贤臣，不顾人民的意愿，且“去和而取同”。史伯认为：“夫和实生物，同则不继”，并举例分析说：“以他平他谓之和，故能丰长而物归之；若以同裨同，尽乃弃矣。故先王以土与金木水火杂，以成百物。是以和五味以调口，刚四支以卫体，和六律以聪耳，正七体以役心，平八索以成人，建九纪以立纯德，合十数以训百体。……于是乎先王聘后于异姓，求财于有方，择臣取谏工而讲以多物，务和同也。声一无听，色一无文，味一无果，物一不讲。王将弃是类也而与剸同。天夺之明，欲无弊，得乎？”

他说，金木水火土相配合能生万物，酸甜苦辣咸五味才能满足人的口味，协调六种音律才能悦耳，……相反，只有一种声音谈不上动听的音乐，只有一种颜色构不成五彩缤纷，只有一种味道称不上美味，只有一种东西就没法进行优劣的比较。只有允许不同的事物存在，才能有对比，有竞争，有发展，有提高，才能造就五光十色、欣欣向荣的局面，即史伯所说的“和实生物”；否则便陷入单调、乏味、萧条、冷落乃至死亡的境地，即史伯所谓“同则不继”。

比史伯晚200多年的齐相晏子继承了史伯的这一观点并加以发展。据《左传·昭公二十年》记：晏子在回答齐侯“和与同异乎”这一问题时举例来说理，认为厨师做羹要用各种不同的味来调制，才能得到美味；乐师要融合不同的音乐元素，协调不同特色的声音，才能创造出美妙的音乐，从而说明君主治理国家时也要善于多方倾听不同的意见，正面的意见要听，反面的意见更要听，这样相互补充，拾遗补阙，使决策或命令更完善合理，君臣之间就能在更高水平上达到和谐的状态。[1]

不仅君臣关系是这样，人与人相处也当这样。孔子还将之视为衡量君子与小人的标准：“君子和而不同，小人同而不和。”即是说在为人处世方面，正确的方法应该是既坚持原则又不排斥不同意见，在相互争论辩解中达成共识；而不是虚与委蛇，随声附和，人云亦云。按照这一标准衡

---

①郭霞.发掘传统文化“和谐”基因，构建社会主义和谐社会[J].山东省青年管理干部学院报,2006(5):22-26.

量，孔子认为颜回不是一个好学生，因为“回也非助我者也，于吾言无所不说”。颜回只是一味地对老师言听计从，对老师所说的意见不加辨别地一律认同，无条件接受，而不是经过深入思考，提出疑问与建议，丰富补充他人意见。

（二）外国“和谐论”的思想

古希腊哲人毕达哥拉斯就是在思考自然的过程中发现了数的和谐，并认为数的和谐是自然的基本构成和基本规律。他说，“整个的天就是一个和谐，一个数目。”在这大自然中，星体是以和谐的距离遥相呼应，以和谐速度沿着和谐的轨道运行，在这个球形的宇宙中，体现着数学的规律，充满着和谐之美：在这里，和谐是作为审美出现的，即美在于和谐。人们在自然之美中发现数的规律，比如“黄金分割”，然后将其推广到音乐、雕塑、建筑等领域。

如果说毕达哥拉斯关注的是和谐的数理关系，那么比他稍晚的古希腊哲学家赫拉克利特则侧重于和谐的对立统一关系。他非常重视事物之间的对立与冲突，认为“战争是万物之父，也是万物之王。”他说，“一切都是斗争产生的”，“互相排斥的东西结合在一起，不同的音调造成员美的和谐”，“自然也追求对立的东西，它是从对立的东西产生和谐，而不是从相同的东西产生和谐”。艺术之美也是这样造成和谐的，那“显然是由于模仿自然”，“绘画在画面上混合着白色和黑色、黄色和红色的部分，从而造成与原物相似的形象。音乐混合着不同音调的高音和低音、长音和短音，从而造成一个和谐的曲调……”。

“自然之和是人类在悠久的生存实践中所创造的人与自然的深刻契合，自然与人之间形成彼此对象化的生命纽带”。因此，无论是毕达哥拉斯，还是赫拉克利特都十分倡导观察自然，寻求自然的规律，这是他们作为哲人“爱智慧”的表现，因为“智慧就在于说出真理，并且按照自然行事，听自然的话”。

二、“和谐论”在现代社会的新发展

“和谐”是人们追求的价值理念，但是长久以来它并没有得到真正的重视，道家讲“天合”，儒家论“人合”，前者依归于诗书，后者统摄于礼仪，“和谐”都仅仅停留在文化生活中。封建统治者将它作为一种意识形态来加以利用，其实却很少考虑正义、公平、和谐的价值，认为力使“国泰民安”即可。

当我们回顾历史时，其中一个重要教训就是忽视了“和谐”对于社会发展的重要性。“和”是中国传统文化的精髓，也是一笔宝贵的历史财富，如何在新的历史时期赋予其新的内涵，挖掘其价值具有极为重要的意义。我们不仅要将其作为自然科学的价值取向和伦理道德的价值取向，更要将其作为社会发展和国家构建的价值取向。

与传统中国的礼乐和谐不同，现代和谐社会是一个民主法治、公平正义、诚信友爱、充满活力、安定有序、人与自然和谐相处的社会，实现这一目标需要全社会成员共同的努力与孜孜不倦的追求。

第一，民主法治。正如一个健康的人会生病一样，社会也需要通过民主制度来诊治其“病痛”，以使执政者及时发现和治疗社会的疾病。和谐社会不是一个没有恶人的社会，如果没有民主法治制度作为其政治保证，社会就无从抵抗这些不良因子，就如同身体虚弱者无法应对肌体本身以及外部的邪症一样。因此，民主法治制度必须作为一个社会的骨架结构，支撑起整个社会政治、经济与文化等目标的构建。

第二，公平正义。公平正义既是人类衡量美好社会的一个标准，也是人们评价政治文明的尺度，它作为凝聚人心的普遍价值，是社会享有安定与繁荣的重要因素。对此，我们应积极维护社会稳定，重构社会结构，完善社会组织，调整社会关系，最大限度地激发社会各阶层、各群体、各组织的创造活力，化解各类社会矛盾和问题。

第三，诚信友爱。公民的德性对社会形态之构建至关重要，一个诚信友爱的公民社会是和谐社会所不可或缺的。不妨把社会比作一幢楼房，那么其中的每一个公民就是一片砖瓦，如果砖瓦本身是残破的，就无法盖出漂亮的楼房。有一个讲诚信、懂友爱的公民社会，民主法治和公平正义就不难实现，相反，则会妨碍整个和谐社会的构建。

第四，充满活力。传统的和谐观是以牺牲人的活力与多样性为代价的，但是现代社会认为，人才是根本的，社会发展固然重要，但它只是服务于人的发展。因此现代和谐社会必然是一个高扬人的主体地位，充满人文关怀的社会。和谐社会也不是发展的终极目标，矛盾无时不在，无处不有，只有一个充满活力的社会，才可能是一个有创造性的、不断进步的社会。

第五，安定有序。安全与稳定是一个国家的根本。如果没有一个和平的国内和国际环境，其他社会发展都将不能实现。所以，经济生产、政治运作、人民生活都离不开一个安定、安全的社会环境，因此可以说，和谐社会一定是一个政治安全、社会安全、生产安全的社会，在其中人人都可安居乐业。

第六，人与自然和谐发展。人是自然的一部分，如果仅仅在“人”的视野下看待发展、进行发展，那么人类终将被自然所抛弃。自然资源是人类发展的源泉，也是一切人类文明的依托，我们不可能摆脱自然界的制约。要构建和谐社会，就必须在发展的过程中妥善处理好人与自然的关系，实现资源的可持续利用。

三、建构“和谐社会”是志愿者的前进目标

志愿者必须始终保持宽阔的视野，将和谐社会的建构作为志愿服务活动的目标，坚持关爱理论，发扬互助精神。从以往一些发达国家的经历看，在一个国家由传统社会转入现代社会的阶段，因经济发展而带来的是公民权利意识的迅速觉醒以及社会矛盾的增多。由于社会资源的有限性和人们相对无止境的需求之间的差异，以及社会规制的相对滞后，社会对资源和利益的争夺在这一时期往往异常激烈。这也是中国目前建设和谐社会所面临的主要问题。在社会无法一下子提供足够资源，也无法立刻健全资源合理调配制度的情况下，志愿服务组织的存在无疑减轻了社会的负担和转型的阵痛。志愿服务组织作为一种重要的社会资源，可以在国家机构之外，弥合由社会转型与制度不健全带来的断裂，使其肌体和谐。

首先，志愿者能促使人的内在和谐。中国文化非常注重修身养性以达内在和谐，所谓“和六律以聪耳，正七体以役心”，是为了使“君子听之以平其心，心平德和”，通过治心来达到社会的和谐。志愿者活动如前所

述，亦具有治心的作用。志愿者内心的动机和行为的动力在于对弱者的同情与悲悯之心，这是一种社会关爱意识的体现，是对中华传统礼仪的现代性继承。志愿者行动发扬了这种崇高精神并将其付诸实践，从一点一滴的小事做起，从社会最需要解决的事做起，办实事、解忧愁、献爱心。另一方面，志愿活动有助于丰富志愿者个人的生活体验，满足其精神上自我实现的需求。随着物质生活水平的提高，越来越多的人渴望通过帮助他人、奉献社会，获得内心的满足，志愿服务正好满足了现代人的这种需求。

其次，志愿者能促进人与人的和谐。志愿者服务的对象是社会困难群体，这一部分人往往在利益分配上处于弱势，因此矛盾比较突出。而志愿者们通过提供各种服务，减轻了这些社会群体间的摩擦，缓解了人与人之间的矛盾，给受助者带去人间真情，使他们真切感受到了来自他人的温暖，也增强了生活的信心。

第三，志愿者致力于人与自然的和谐。人们的生产和生活的过程中，往往忽视自然资源的稀缺性，长此以往必然会造成严重的资源问题和社会问题。这时就需要志愿者为自然界争取“权利”，开展活动保护自然。例如在“‘保护母亲河’绿色行动营计划”中，大量志愿者通过宣传与号召，从最广泛的层面上唤起社会群体对社会问题的关注并形成共识。他们动员广大青年和社会各界力量，开展植树造林，治理水土流失，不仅有效地控制了环境的恶化，更重要的是在全社会倡导和树立了“绿色文明”、环境保护和可持续发展的意识。

所以，志愿服务是与构建和谐社会的国家发展目标有机结合的。它不仅有利于促进人与人的和谐、人自身的和谐以及人与自然的和谐，而且还有利于社会的政治和谐、经济和谐和文化和谐，使社会系统中的各个子系统、各种要素相互依存、相互协调、相互促进，达到和谐之美，从而使社会总体和谐，构建起和谐社会。

延伸阅读

镇江最美“爱心网友”——吴华芳

在江苏镇江这座江南小城，提到吴华芳可能没有多少人认识，可若提起“仪人”，却无人不知，无人不晓。其实，“仪人”是吴华芳的网名，这个网名是她在镇江最大的论坛“梦溪论坛”中使用的，她是这个论坛的子论坛“爱心家园”的版主。目前，“爱心家园”是镇江最大、最活跃的民间公益慈善团体。

“做这个事（公益慈善），我完全是源于内心深处的那股热情，我不领取一分钱报酬，也从未因此获得过任何物质上的奖励，但是当我看到我们的行动能够帮助那些有困难的人的时候，我就感觉特别充实。”吴华芳这样说。

吴华芳涉足公益慈善，其实很晚。2008年，她跟随丈夫在上海工作，汶川大地震发生后，当她看到那么多素不相识的人都在为地震灾区献爱心的时候，她感动了，于是她去报名参加了上海市红十字会的义工组织。“我当时的工作就是接电话，接各种各样的捐款、捐物的电话。”吴华芳告诉记者，最忙的时候，她连续接了14个小时的电话，“我就觉得，我们民族，在出现大灾难的时候，是有很强的凝聚力的，而且所有的人，内心深处都有意愿去帮助别人。”

从那以后，吴华芳成了上海市红十字会的长期义工。2008年年底，因为女儿要参加小升初考试，吴华芳从上海回到镇江照顾女儿，一次偶然的机会，她上网发现了镇江本地“梦溪论坛”下设的子论坛“爱心家园”，她便注册了“仪人”这个网名，开始参加“爱心家园”的活动。“其实我就是个家庭主妇，可是做公益并不在乎你的身份是什么，而是要求你一定要行动起来。”在“爱心家园”论坛上，吴华芳很快就成了最活跃的网友，几乎所有的活动，她都要参与。

渐渐地，“仪人”在“爱心家园”上声名远扬，2009年年底，“仪人”当选为“爱心家园”的版主。

从“仪人”当选“爱心家园”版主开始后的三年左右时间，“爱心家园”总共举办了近500场爱心慈善活动，平均2天就要办一场。

一次偶尔得知外省山区孩子需要衣物，吴华芳便发起了一场网络捐衣活动，网友们短时间内就捐献了大量衣物，全部堆在了网友“六哥”办公室里。“这么多衣服寄出去要上千元。”正当“六哥”等人为此烦恼时，还是吴华芳通过发动网友捐邮费和争取快递公司减免部分费用，最终将这批衣服寄到了孩子手上。

吴华芳发起的跨地域爱心行动越来越多，为湖北山区孩子募捐书籍、衣物；为西南旱灾地区学校募捐水壶；为连云港贫困学校捐建10座图书室……她和网友们发起了声势浩大的跨江助学行动，促成镇江爱心人士与沭阳30多名特困学子长期结对，确保这些孩子不用再为上学担忧。

在很多受助孩子眼中，“仪人”吴华芳就是“爱心妈妈”。可作为全职妈妈的她现在却很少有时间陪伴自己的女儿。因为爱心活动太多，她有时甚至来不及给女儿做饭。好在懂事的女儿理解她，还会主动帮衬她一把。

吴华芳还是镇江市志愿者协会干事，肩头又添了一份责任和使命。她坦言，自己也曾动过放弃的念头，可是看到那么多爱心人士的热情和无私，她就没有了停下来的想法。

思考题

1.与我国古人自我实现理论相比，国外自我实现理论有哪些特点？以哪些为主要代表？

2.志愿者的实质内涵是什么？为什么说这是志愿者的实质内涵？请简要论述。

3.社会互助论的基本原则是什么？请简要论述其重要性。

第四章

志愿服务

志愿服务是在志愿精神感召下开展的无偿的公益性服务活动。作为一种专门的、系统化的社会服务活动，作为人类社会所共有的精神追求和实践活动，它贯穿于人类社会历史过程的始终，并且存在于人类社会各种文化和文明之中。现代意义的志愿服务活动既与人类社会普遍存在的扶危、济困和做好事等相联系，同时又注入了新的时代内涵。在当前，志愿服务活动具有强大的精神价值和内在的感召力，是社会主义建设的强大精神动力，值得大力弘扬和推广。

第一节　志愿服务的意义

※

志愿服务是人类社会普遍存在的一种精神需求，它既是人类社会公共生活发展的需要，也是社会主义建设的需要，更是提升人们精神生活层次的需要，在当代中国开展志愿服务活动，倡导志愿精神，具有重要的现实意义。

一、志愿服务是人类社会公共生活发展的需要

人类是一种社会性动物，人的本质在其现实性上是一切社会关系的总和，离开社会和人与人之间的关系，人就无法存在或无法成为一个完整的人。正因为如此，在人类社会的发展过程中，人们产生了相互关心、相互帮助的需要，也产生了对他人和社会的同情、怜悯和关怀之心。这些朴素的人与人之间互助、体谅和关爱之心，构成了人类社会关于慈善、关怀、利他和奉献的思想源流。因此，在人类社会各种历史和文化中，存在着十分广泛而丰富的关于志愿服务的思想源流。比如我国古代的“慈爱”思想、乐善好施的传统、见义勇为的行为是人与人之间相互关爱和帮助的朴素志愿精神的理论升华。如果说在一个相对比较封闭、人们交往和社会流动并不频繁、社会发展相对比较简单和单纯的环境下，这种朴素的志愿服

务的思想和行为尚能够较好地发挥作用，那么，在现代多元开放的社会，在社会流动频繁，人们交往范围日益复杂和广泛多样，社会风险日益凸显的环境下，传统朴素的志愿服务的思想和行为就不能很好地适应现代社会的需要。现代意义上的志愿服务正是顺应社会发展需要，适应人类社会公共生活需要而产生的社会服务的新的理念和行为模式，它反映了人类社会的一种精神需求，标志着人类社会精神发展的进步。因此，从这个意义上说，志愿服务反映了人类社会发展的需要，是人类社会朴素的、美好的道德传统的升华和发展。在现代社会提倡和推行志愿服务，既是对人类美好道德传统的继承和发扬，同时也是人类社会公共生活发展的一种必然。

二、志愿服务是社会主义建设的发展需要

志愿服务精神的倡导与推行，对于当前我国社会的发展具有重要的意义。当前我国正处于社会发展的关键时期，经过改革开放40年的积累和持续发展，我国在经济建设方面取得了长足的发展和进步，为社会主义建设奠定了坚实的物质基础。在这种情况下，如何积极推进经济增长方式的转变，促进经济、社会、政治、文化和生态的协调发展，促进社会发展和人的全面进步，就成为社会主义社会建设过程中的重要问题。2006年党的十六届六中全会通过的《中共中央关于构建社会主义和谐社会若干重大问题的决定》明确提出：以相互关爱、服务社会为主题，深入开展城乡社会志愿服务活动，建立与政府服务、市场服务相衔接的社会志愿服务体系。2012年3月，中共中央办公厅印发《关于深入开展学雷锋活动的意见》，将社会志愿服务作为新形势下学雷锋活动的重要载体，把志愿服务活动看成是在新形势下学习雷锋活动的发展和延伸，同时也是对志愿服务精神的引导与升华。从这个意义上来说，志愿服务既是中华民族传统美德的继承与弘扬，同时也体现了社会主义思想道德建设的基本要求，符合社会主义先进文化发展的方向和要求，是社会主义社会建设中必须大力倡导和弘扬的一种高尚的精神，志愿服务精神体现了社会主义社会建设的基本需要。2019年党的十九届四中全会通过的《中共中央关于坚持和完善中国特色社会主义制度、推进国家治理体系和治理能力现代化若干重大问题的决定》

明确提出："完善城乡公共文化服务体系，优化城乡文化资源配置，推动基层文化惠民工程扩大覆盖面、增强实效性，健全支持开展群众性文化活动机制，鼓励社会力量参与公共文化服务体系建设。"本决定将志愿服务活动纳入我国经济和社会发展体系之中，成为社会主义社会建设的重要组成部分。

人的思想道德素质和精神境界与外界客观环境有着密切关系，正如恩格斯所说："人们自觉地或不自觉地，归根到底总是从他们阶级地位所依据的实际关系中……从他们进行生产和交换的经济关系中，获得自己的伦理观念。"中国古代管子也说："仓廪实而知礼节，衣食足而知荣辱。"但是，人的思想道德观念和精神境界的提升并不是一种自发的过程，它需要一定的知识作为基础，需要一定的精神要求作为导向，需要个体通过不断修养和提高才能提升自己的精神境界。改革开放以来，随着社会生产力的发展，广大人民群众的物质生活水平和生活条件有了明显的改善，人们思想道德水平也随着社会环境的变化而发生了深刻变化；但与我国经济建设取得的伟大成就相比，人们在精神和文化生活方面的变化和提高并没有像物质生活条件改善那样明显，人们思想道德现状和精神境界还存在着与社会发展不适应的一面。党的十七届六中全会报告指出："一些地方单位对文化建设的重要性、必要性、紧迫性认识不够，文化在推动全民族文明素质提高的作用亟待加强；一些领域道德失范、诚信缺失，一些社会成员人生观、价值观扭曲，用社会主义核心价值体系引领社会思潮更为紧迫，巩固全党全国人民团结奋斗的共同思想道德基础任务繁重。"因此，个人的思想道德水平和精神境界的提升并不是一个自然发展的过程，需要不断地用社会主义核心价值体系进行引领，需要不断增进社会主义思想道德建设和公民道德建设，需要鼓励和倡导人类社会一切美好的思想道德和精神成果，用人类社会形成的一切优秀文明成果来武装人民，形成高尚的思想道德情操和精神境界。而志愿服务活动就是一种在志愿精神感召下的社会实践活动。它既体现了人类社会美好的道德情操和精神追求，又是个体提升自我、完善自我的社会实践活动。

第二节　志愿服务的重点领域

※

近年来，中国志愿服务事业在探索中发展，在实践中奋进，志愿服务的规模和领域逐步扩大，尤其是中央文明委《关于深入开展志愿服务活动的意见》颁发后，在党政部门的牵头下，志愿精神得以广泛传播，志愿者队伍不断扩大，志愿服务领域不断拓展，志愿服务影响力逐步扩大。

一、志愿服务领域的分类

志愿服务领域指的是志愿者开展有组织、有计划、相对稳定、持续的志愿活动所覆盖的范围。我国志愿服务目前覆盖的范围非常广泛，涉及社会、教育、文化、经济、环境等各个方面。本节从志愿服务的服务内容、主体、状态、对象以及力量等五个方面进行分类。

（一）从志愿服务的内容看

根据志愿组织和志愿者服务的内容，可将志愿服务分为专项性志愿服务、公益性志愿服务和社区性志愿服务。

1. 专项性志愿服务

专项性志愿服务是指志愿服务的发起、组织与实施、评估的过程均围绕专门的项目或目标展开，当该服务项目完成或者服务目标实现后，此项志愿活动即宣告结束。其中，由团中央率先发起的暑期文化科技卫生“三下乡”活动，即组织全国大中专学生志愿者利用暑假的时间，开展农村扫盲和科技、文化、卫生服务的专项性活动，持续了近三十年，活动的形式和内容日趋完善，也促进了社会主义新农村建设工作的深入开展，提高了农民的科学文化素养，也为大学生了解中国国情开启了一扇窗口，密切了高等教育与新农村建设的关系。除此之外，近年来，影响比较大的专项性服务主要有：“大学生志愿服务西部计划”“中国青年志愿者海外服务计划”等。

2. 公益性志愿服务

公益性志愿服务与政府所举行的国际会议、活动、庆典、大型赛事有着密切的联系，它是指能为大型活动、会议、赛事提供大规模的公益性服务的志愿活动。它已经成为中国青年志愿者协会、中国社会工作者协会、志愿者工作委员会最具代表性、最具影响力的志愿服务领域之一。其中，由北京青年志愿者协会、共青团北京市委发起的“北京青春奥运行动规划”即是一公益性志愿服务。它以“建设新北京，奉献新奥运，展示新形象，塑造新青年”为主题，以青春奥运文明行动、青春奥运绿色行动、青春奥运科技行动、青春奥运健康行动、青春奥运友谊行动、青春奥运志愿行动为内容，动员形成了一个多元的、近100万人的庞大的志愿者队伍，在动员北京青年参与奥运志愿服务过程中，展现了北京青年的风采，提升了北京青年的素质，形成了国内公益性志愿服务的响亮品牌。此外，国内开展的影响面较广的公益性志愿服务还有：奥运火炬传递志愿服务、奥运会与残奥会志愿服务、中国科协志愿服务、迎奥运・讲文明・树新风等志愿服务、武汉城市义工联盟、武汉无国界义工、爱心献血队、红十字会的慈善募捐志愿者雷锋互助社等。

3. 社区性志愿服务

社区志愿服务是指以社区为主要服务范围，依托城市街道居民委员会或者农村村民委员会，并接受相应组织的领导与指导，成立志愿服务活动组织机构，颁发一定管理章程，持续开展上门服务，实行扶贫帮困、敬老助残、疗伤治病、解惑释疑、文体辅导、种树护绿和法律援助等多样形式的志愿服务。社区志愿服务最大的特点是，可以依托社区组织，为志愿服务主体和服务对象搭建对接平台，从而可以增强志愿服务针对性，提高志愿服务的质量。20世纪90年代以来，随着人口流动步伐的加快，社区日益成为人们生活的重要场所，社区志愿服务的需求也日益上升，比较有代表性的社区志愿服务有："志愿者为老年人服务金晖行动""青年志愿者助残行动""爱心助成长""走进社区志愿服务"等。

二、从志愿服务的主体看

志愿服务参与的主体种类很多，我们仅以参与志愿服务的人员性质的不同作为依据，按志愿服务主体不同分为专业志愿服务、普通志愿服务。

（一）专业志愿服务

专业志愿服务是指由具有一定的专业知识与技能的志愿者为主体所开展的志愿服务活动。这类志愿服务的范围很广泛，如免费的专业咨询、抗震救灾、心理咨询与治疗、法律援助等。近年来，各种专业人员，如科技人员、医护人员、心理咨询工作者、司法工作者等，参与志愿服务的数量和质量日渐呈现上升之势，影响也越来越大，例如，"社会弱者权利保护中心""1+1法律援助行动"社区矫正志愿队。

（二）普通志愿服务

普通志愿服务是指普通社会公民自发开展的面向社会的志愿服务活动。普通民众参与志愿服务项目繁多，规模大小不一，特别是一些自发形成的某些慈善捐助、义务献血、抢险救灾等活动更是不计其数。规模较大的活动有："志愿者为老年人服务金晖行动""青年志愿者助残行动""爱心助成长""志愿者绿色行动营计划""保护母亲河""关爱女孩志愿者行动"等。

三、按志愿服务时间紧急状态划分

按照志愿服务的状态，即按照志愿服务针对的社会事件在时间上紧急与否的程度，可把志愿服务分为应急服务、常态服务和大型活动服务三种类型。

（一）应急服务

应急服务是指在社会生活中突然发生的，严重危及社会秩序，有可能或已经造成重大损失的公共事件，需要立即采取措施而提供的志愿服务。这种应急服务主要有应对自然灾害、人为重大事故、公共卫生事件、社会公共安全事件等。应急服务需要在紧要关头，提供以下服务：第一，搜集突发事件的基本信息；第二，指导和帮助受难者逃生避难；第三，抢救伤员，实施初步医疗救护；第四，对灾情进行初步控制；第五，安慰受难者，实施心理干预；第六，维护事件发生地的社会秩序。近年来，面对各种频发的社会突发事件，我国应急志愿服务组织和志愿者也都逐步得到历练，应急志愿服务取得了累累硕果。影响较大的志愿服务活动有：98抗洪抢险、2008抗击暴风雪、抗震救灾等。

（二）常态服务

常态服务主要指常年坚持、常抓不懈的志愿服务。常态服务领域较广，涉及经济、政治、文化、社会生活的各个方面，要长期持续并且规范地进行管理，因此，这类志愿服务要努力抓好四个环节：第一，规范地成立志愿服务组织；第二，加强志愿服务的规范管理；第三，严格培训志愿者；第四，完善法律及相关制度，做好志愿服务者权益保障。这类志愿服务开展的活动主要有：青年志愿者“一助一长期结对服务计划”“青年志愿者扶贫接力计划”“志愿者为老年人服务金晖行动”“关爱农民工子女志愿服务”“全民健身志愿服务”。

（三）大型活动服务

根据国务院发布的《大型群众性活动安全管理条例》的规定，所谓大型活动是指法人或者其他组织面向社会公众举办的每场次预计参加人数达到1000人的体育比赛活动，演唱会、音乐会等文艺演出活动，展览、展销等活动，游园、灯会、庙会、花会、焰火晚会等活动。而为这种大型活动提供各种的志愿服务，就称为大型活动服务。随着我国国际地位的上升，在我国举办的具有国际影响力的各种大型会议、体育赛事也日渐增多，这使得我国的大型活动服务也日渐成熟，在国内外享有一定的声誉。影响较大的大型活动服务有：世界妇女大会志愿服务、北京奥运会志愿服务、上海世博会志愿服务等。

四、按服务对象类型划分

按照志愿服务对象的不同，我们将志愿服务分为8种类型：针对城镇下岗失业人员的志愿服务、针对农村特困人口的志愿服务、针对优抚对象的志愿服务、针对妇女的志愿服务、针对未成年人的志愿服务、针对残疾人的志愿服务、针对老年人的志愿服务、针对流动人员的志愿服务。[①]

（一）针对城镇下岗失业人员的志愿服务

城镇下岗失业人员是指有劳动能力和就业愿望，但没有合适的工作岗位和劳动收入状态的人员。针对这一群体的特殊困难，社区以及各类志愿组织和志愿者开展了慈善捐助、就业培训、职业介绍和职业指导、政策支持等方面的志愿服务。常见的志愿服务主要有青年志愿者“一助一长期结对服务计划”“青年志愿者扶贫接力计划”；相关志愿服务者有雷锋互助社、红十字会的慈善募捐志愿者等。

（二）针对农村特困人口的志愿服务

近年来，我国经济发展迅速，农村经济水平也有很大的改观，但农村依然存在一部分特困人群，而特困人口又主要集中在孤老寡残等人员中。志愿者以农村的贫困户、老年人、未成年人、残疾人、五保户、优抚对象、特困党员、外出务工人员家庭以及刑释解教人员、社区矫正人员为重点服务对象，把支援义务教育、普及科技文卫及法律知识、扶贫开发、社会救助、优抚助残、敬老扶幼、治安巡逻、环境保护等作为重点服务领域，致力于农村社区公益事业和公共事务，致力于改善农民生存环境和生活条件，致力于解决农村特殊群体的生产生活困难。比较有代表性的志愿服务活动有：扶贫济困志愿服务、关爱农民工子女志愿服务、大中专学生志愿者暑期文化科技卫生“三下乡”活动、“大学生志愿服务西部计划”以及“青年志愿者扶贫接力计划”等。

（三）针对优抚对象的志愿服务

优抚工作是国家抚恤和群众优待工作的简称，是指国家和社会按照法律、法规对优抚对象给予物质帮助和精神鼓励的一项特殊的社会保障制

① 任飞．青年志愿者组织的社会功能研究 [J]. 中国青年研究 ,2015(3):53–55.

度。我国现阶段的优抚对象包括中国人民解放军的现役军人、革命伤残军人、复员退伍军人、革命烈士家属、因公牺牲军人家属、病故军人家属、现役军人家属。改革开放以来，针对优抚对象的具体困难，各级政府推进了优抚工作，并针对不同的优抚对象，实施不同的突出任务：一是面向优抚对象中的弱势人群优先提供社区社会救助，体现国家和社会对他们的特殊照顾；二是面向军队离退休干部，促使他们“走出庭院，融入社区”，积极参与社区建设；三是面向优抚对象中的退役士兵，提供就业服务。同时，带有公益性的志愿服务组织和志愿者也围绕这一主题，开展了大量的志愿服务，如组建“烈军属之家”“爱心献功臣”等。

（四）针对妇女的志愿服务

随着社会的逐渐发展，社会文明程度的提高，妇女参与社会经济、政治、文化生活的程度越来越高，她们在现代社会和家庭生活中发挥的作用也越来越大。但也有部分女性在家庭和社会生活方面会遇到各种各样的困境，需要社会提供必要的帮助。针对妇女的志愿服务是以“奉献家庭，服务社会”为目的，服务的领域较广，包括：帮扶经济困难的家庭、抚慰离异失婚女性的心理、关心女性矫正对象的身体及生活状况、关注留守儿童的教育及成长、激励女性的就业创业等。因此，像巾帼志愿者、“武汉爱心妈妈联盟”等志愿服务组织，发起者是女性，志愿服务的对象也是遭遇困境的女性。

（五）针对未成年人的志愿服务

所谓未成年人是指不满18周岁的公民，可分为婴儿、幼儿、少年、青年等。据统计，目前我国未成年人有3.4亿多人，约占全国总人数的26%，是一个庞大的群体。由于未成年人身心发育尚未成熟，社会判断力不强，心理承受力较弱，再加上学习任务繁重，因此，需要得到社会、学校和家庭给予特别的关心和爱护。但近年来，部分农民工子女、单亲家庭子女以及女童等，因家庭教育缺位，导致未成年人自我发展受限。于是，一些针对未成年人的志愿服务也就应运而生了。针对未成年人的志愿服务的内容以未成年人成长教育为主，包括：人格养成教育服务、文化知识教育服务、身心健康培育服务、不良行为矫治服务等。

（六）针对残疾人的志愿服务

残疾人是指在心理、生理、人体结构上，某种组织、功能丧失或者不正常，全部或者部分丧失以正常方式从事某种活动能力的人。残疾包括视力残疾、听力残疾、言语残疾、肢体残疾、智力残疾、精神残疾、多重残疾和其他残疾。残疾人是特殊的弱势人群，目前，我国有各类残疾人8000多万人，因此，残疾人的生活状况就尤为引人注目。这类服务内容主要涉及康复服务、生活服务和教育服务。近年来，针对残疾人的志愿服务也逐步增多，并形成了一定的规模，比如："红领巾手拉手助残""志愿助残阳光行动"等活动。

（七）针对老年人的志愿服务

我国界定60岁以上的公民为老年人。据第五次全国人口普查数据显示，我国60岁以上的老年人达1.32亿，居世界第一位。老年人口数量大，老龄化速度快，"未富先老"等特征都充分显示，我国老年人急需得到社会和家庭的关爱。针对老年人的志愿服务的主要内容有：生活照料服务、医疗康复服务、精神慰藉服务、法律服务等方面。近年来，针对老年人的新型志愿服务也越来越多，规模也越来越大。具有一定代表性的为老服务有："志愿者为老年人服务金晖行动""老人义工临终关怀志愿服务""关爱空巢老人暖冬服务行动""星光老人之家""情暖空巢——我陪老人过大年"等。

（八）针对流动人员的志愿服务

所谓流动人员，一般是指具有中国国籍（中国人民解放军、武装警察部队现役人员除外）在半年以上时间段内离开常住户口所在地，跨越一定的辖区范围，前往异地滞留暂住的人员，或居住地处于不断变动过程的人员。目前我国流动人员绝大多数是文化层次较低的农民工，他们工资待遇低，劳动环境差，社会保障不完备，因而各种社会需求高涨，渴望社会提供服务，解决他们生存与发展的需要。这类服务的主要内容包括：提供政策法规及心理援助、提供就业服务、提供子女照顾及教育服务、提供学习培训服务。

五、按志愿服务的政社关系来划分

根据志愿服务组织机构的是否具有行政力量，可以把志愿服务分为官方的志愿服务、半官方的志愿服务和民间志愿服务。

（一）官方的志愿服务

官方的志愿服务是指通过政府来主导和推动的志愿服务活动，其活动主要由政府部门统一协调下属各级相关部门，其主要功能是为志愿服务提供政策性支持、资金援助、方向性指导。各级民政部门、教育部门、人事部门、环保部门都属于官方力量的组织。社区志愿组织从属于民政系统，与基层的街道居民委员会联系在一起，并接受相应组织的领导。各地具有代表性的社区志愿组织有：天津和平区社区服务志愿者协会、上海市南京东路街道办事处社区服务志愿协会、武汉百步亭志愿者协会等。

（二）半官方的志愿服务

半官方的志愿服务组织包括各级共青团组织、妇联、残联、工会、红十字会、福利院等志愿服务力量。就江苏而言，共青团是最早倡导和推进志愿服务的机构，并创办了江苏省青年志愿者协会，组织成立了各种志愿者服务队，包括长驻社区、养老院、福利院等机构的志愿者服务队，以及分布县市的服务队。由此形成了团员志愿队、老年志愿服务队、军民共建志愿者服务队等。同时，半官方志愿服务领域涉及科普志愿服务、问题活动志愿服务、法律援助志愿服务、助残志愿服务、扶贫助困志愿服务、关心下一代工作志愿服务、社区志愿服务等。

（三）民间志愿服务

民间志愿服务是指以非营利为目的，主要开展公益性和互助性活动，独立于党政体系之外的正式社会组织所开展的志愿服务。民间志愿组织主要有民间或各类大中型企业自发形成的志愿组织和力量。

第三节　志愿者的服务方式

※

一、大型会展活动服务

为解决国际会议、展览、奥运会、世博会、青奥会等临时活动的用人需要，现代社会出现了一种服务新业态——临时聘员（简称临聘），在欧美等发达国家和地区这一服务新业态发展迅猛。临聘涉及的行业非常广泛，如翻译、外币兑换、网络及电脑管理、电话接线、外事接待等，其工作特点是专业性强、任务急。按其性质分类：一为领取高额报酬的临时聘员；二为不计报酬，义务服务的志愿者。

在我国，随着国际会展业的发展，对于临聘的需求也随之迅猛增加。由于志愿者，尤其是大学生志愿者不计报酬，用热情与热心，以知识与技能服务于大型国际会议、国际会展活动。因此，在上海、北京这些国际性大城市经常选择招募大学生志愿者作为临时聘员。

二、社区志愿服务

这种工作方式首先是要抓好社区志愿服务阵地建设，建立社区志愿服务工作站。其次是要抓好社区志愿服务基地的建设。服务基地是志愿者在社区参与服务活动的主要场所与主要途径。志愿者可以依托服务基地开展集中式的各项服务活动。再次是抓好志愿者队伍建设。各服务站要抓好社区内外的资源整合，形成稳定的志愿者服务队伍。

第一种是志愿养老服务既包括工具性的服务，又包括情感认知方面的服务，主要包括四方面：

一是生活照料服务。志愿者结对帮助服务，向老年人提供日常生活照顾和生活护理方面的服务。

二是医疗康复服务。主要依靠社区医疗机构及所在社区的医科大学的志愿服务组织，建立老年人医疗健康档案，定期为老年人进行健康检查、咨询，提供预防、诊断、治疗、康复保健为一体的医疗服务。

三是精神慰藉服务。这是主要依靠志愿者的一类服务，志愿者可以组织各类文体活动，可以上门与老人进行情感沟通等，让老有所乐、老有所学，丰富社区老年人的晚年生活。

四是法律服务。近年来侵害老年人合法权益的问题日益严重，法律专业的大学生志愿者可以上门为受侵害的老年人提供法律咨询，为其出谋划策以保障其合法权益。

第二种是助残服务，残疾人是社会中的弱势群体。志愿者有义务帮助他们，使他们活得更好。志愿者要更多地从心灵上帮助、支持他们。针对残疾人的特点，为其提供的社区志愿服务包括以下三个方面：

一是康复服务。残疾人康复可以分为专业康复和社区康复两类。专业康复效果好，但是费用高昂，不是每个人都能承受。社区康复是相关接受培训的社工和志愿者乃至家人实施的康复工作。接受过一定培训的志愿者以及医科大学有相关专业背景的志愿者都能胜任此类工作。此外，还有更重要的是，光有医疗方面的服务而缺乏人的爱和关怀以及来自物质、经济、法律等方面的综合性服务，残疾人即便在生理上有了一些康复，但是心理上还是会被“残疾”束缚，所以，残疾人更需要的是志愿者在生活、精神等方面全方位的服务。

二是生活服务。社区志愿者可以为残疾人提供必要的生活服务。志愿者可以通过上门服务，向残疾人提供必要的生活必需品；可以通过劝募等方式筹得一定的资金为残疾人购置轮椅、盲棍及其他必需品。

三是教育服务。社区志愿者可以为伤残的儿童和智力发育障碍的儿童在休息日或暑期开设辅导班，全面照料伤残的儿童和智力发育障碍的儿童，为他们实施语言表达等功能的训练，培养他们的生活技能以提高他们的社会适应能力。

第三种为未成年人服务，未成年人包括婴儿、幼儿、儿童、少年和青年，志愿者可以利用社区资源为未成年人提供教育服务。按年龄段划分的话，志愿者可以为0～3岁的婴幼儿提供以游戏为主的教育，促进婴幼儿心智的健康成长。志愿者可以为社区内3～6岁的幼儿及6～15岁的儿童、少年开设不同类型的“爱心学校”，助力儿童健康成长。

三、参与社会调研的志愿服务

1. 确定调研课题

这里分两种情况：一是志愿组织自行组织一次社会调研，作为志愿活动的一部分。那么志愿组织就应当依据需要性原则、创造性原则、可行性原则，通过查阅文献资料、向有关专家咨询或者实地考察的方式确定调研课题；二是志愿组织承接课题为有关政府组织或非营利性组织做有关的社会调研。如果是第二种情况的话志愿组织必须向需要调研的单位了解清楚调研的目的、范围、对象等基本情况。

2. 设计调研方案

对于志愿组织来说，必须设计出有效的调研方案，其中最重要的几个内容包括：确定调查目标、选择调查单位、选择调查方法、调查工具的使用、参与调查的志愿者的组织、调查经费的筹措、调查时间的安排等。

3. 组织管理工作

社会调研是为了完成调查任务，志愿组织必须对参与调研的志愿者进行选择、培训、组织。志愿组织在社会调研中的组织管理的方式为：一要成立调研小组，即将志愿者按其特长合理分工，组成调研小组，并选择有威信、责任心强的志愿者作为组长；二要选择和培训调研员；三要联系调查单位。

4. 整理分析资料

整理分析资料包括对资料的审核、资料的编码、资料的分组、资料的汇总、制作统计表和统计图等。撰写研究报告的写作程序为：确定主题、选择材料、拟订提纲、撰写报告。

四、参与慈善劝募的志愿服务

慈善事业和志愿事业，都是扶贫济困的事业，对于构建社会主义和谐社会具有重要意义。充分了解慈善工作，并将其与志愿服务联动，重视慈善工作中志愿服务的工作方式，能更好地把两者整合，有利于将慈善事业的巨大发展。因此，志愿服务与慈善服务联动应成为我国志愿服务的一个新亮点。从服务时间上来分类，青年志愿者的慈善类劝募活动一般分为临时性集中活动和长期性活动两类。

1. 临时性集中劝募活动的工作方式

●召开有关劝募活动的聚会，确定合适的活动时间、地点和服务项目。

●落实人员（志愿者）、场地，所需器材和外宣材料。

●通知其他志愿者参加活动，用海报等方式向服务对象公布服务项目。

●安排布置服务现场（包括桌椅摆放、水电准备、宣传品的张贴、悬挂等）。

●按服务项目分别组织其他劝募活动，活动形式应多样，要注意节约成本。

●做好各服务项目的登记工作。

●活动结束，需及时做好总结分析、汇报宣传。

2. 长期性固定劝募活动的工作方式

●确定服务项目和方式。

●建立服务制度及有关台账。

●成立服务组织，落实人员（志愿者）。

●落实场地、人员、器材等，有电话的可提供联系电话。

●对外公布志愿服务有关事项，开始服务活动。

●不定期做好总结分析，及时改进服务方法，调整服务项目和服务方式。

第四节　志愿服务的演进与发展

※

志愿服务经历了一个相当漫长的发展和演变过程，不同国家的志愿服务形式在不同的历史时期表现也不尽相同。本节重点介绍中国志愿服务的历史演进过程，对国外志愿服务的发展仅予简述。

一、国外志愿服务的演变历程

国外的志愿服务历史悠久，依据英国著名学者迈克·赫德森的观点，可以追溯到古罗马时期抑或更早的慈善性活动。古埃及曾制定过一部关于鼓励人们根据他人的需求提供帮助的法典。在古希腊和古罗马时期，慈善捐助行为主要针对的是公共事务，而非具体某个人，慈善是基于博爱而帮助他人的行为。古罗马时期的马尔库斯·图里乌斯·西塞罗就曾说过："好心为迷路者带路的人，就像用自己的火把点燃别人的火把，他的火把不会因为点亮了朋友的火把而变得昏暗。"时至今日，这些描述仍闪烁着人性的光辉。

国外的志愿服务从形成到发展经历了萌芽、扩展和规范三个阶段。

（一）萌芽阶段

16世纪，英国大规模的圈地运动导致大量流民产生，民间自发性的救济活动根本无法满足需要，英国政府开始制定《济贫法》。19世纪上半叶，改革《济贫法》，规定政府统一管理公共救济事业，地方教区必须为所在地的居民提供救济经费。随后，德国开始在各城市组织“公爱协会”与地方团体共同从事救济事业。形形色色具有不同目标的慈善组织在各国纷纷成立，但各个组织各自为政，很少协调联系。为解决这一问题，1869年，英国牧师亨利·索里召集独立分散的慈善组织在伦敦成立了“慈善组织会社”，之后其他城市纷纷效仿。1877年，一位曾到英国考察慈善组织协会的美国牧师韩福瑞·哥尔亭在布法罗组织成立了美国的第一个慈善组织。从欧洲来到北美大陆的移民，为应对苦难、互帮互助，成立了各种志愿团体，同时也形成了志愿帮助别人的群体精神，为最早的志愿组织的形成奠定了基础。

（二）扩展阶段

从第一次世界大战到20世纪50年代，西方国家在慈善组织的基础上诞生了第一批志愿组织。19世纪末20世纪初，西方国家的社会问题发生变化，社会贫困的原因不再是物质资料的匮乏，而是工业化发展所带来的社会财富的不公平分配、收入的两极分化。西方国家开始通过一系列的法案确定社会福利方案，但人们开始认识到现实社会中的问题仅仅依靠政府的单方的力量是不行的，需要借助广泛的社会力量。于是在西方的民间出现了各种各样的改革力量，并逐步汇成一股巨大的社会洪流，即“社会正义”运动，政府开始借助各种民间力量和志愿服务来保护社会弱势群体，特别是在第一次世界大战结束以后，借助志愿组织参与国家的重建以及消除交战国之间人民的敌对状态，志愿服务渐渐地受到政府的重视和鼓励。

（三）规范阶段

从第二次世界大战到冷战结束时期。随着西方国家社会福利事业的发展，社会工作逐步走向规范并呈不断扩大趋势。社会工作不再局限于改善被救助者的社会生活，重心逐渐偏向调整整个社会结构与社会关系。在救助内容上，不仅仅包括物质的扶助，更包括各种专业的服务；在救助对象上，不仅仅是贫困者、遭受社会问题困扰的个体和群体，更包括一般的群体。志愿服务开始拓展到社会生活的各个层面，大批志愿组织纷纷成立，志愿服务成为一种广泛的社会服务工作。自此，志愿服务也开始规范化、制度化。

时至今日，国外的志愿服务开展得非常活跃，已经成为社会发展必不可少的一部分，主要有专项性的志愿服务、专业性的志愿服务、社区性的志愿服务、公益性的志愿服务四种形式。志愿服务进一步法制化、全民化、社区化。同时，国外的志愿服务呈现跨国服务状态，能源危机、经济建设、环境污染、战争救护、人道主义灾难等国际性问题逐渐成为服务主题。许多国家的志愿服务活动几乎家喻户晓，公民参加志愿服务活动也是自觉的行动。如在英国，10月25日是英国的“志愿日”，约半数的英国人参与志愿服务活动，志愿服务参与者每周平均贡献4小时；在法国，志愿者约占总人口的19%，而且法国法律明确规定，凡是年满18周岁的法国男性，必须履行国民志愿役；在德国，大约每3个成年人中就有一人每月花费15小时从事志愿服务工作；在韩国，目前有1600多个志愿服务组织；在日本，有7.6%的大学引进志愿服务课程并积极参与海外志愿服务活动。

二、中国志愿服务的演变历程

尽管在中国的传统语系中，我们极少见到“志愿者”一词，但这并不意味着中国的志愿服务是空穴来风或是纯粹的“舶来品”。在中国的历史上，志愿精神和志愿服务就渗透在人民群众的生活中。儒家的“仁者爱人”、墨家的“兼爱非攻”、道教的“积善成仙”、佛教的“慈悲为怀”都跟志愿精神相一致。古代曾出现过的“义仓”“义米”“义舍”活动也具有一定的近现代志愿活动意义。近代以来，中华民族的传统美德开始与现代西方文明结合起来，开始了近现代具有志愿色彩的慈善公益活动。

（一）近现代的慈善公益活动

1840年第一次鸦片战争后，中国沦为半殖民地半封建国家。战争给中华民族带来了空前的灾难，而当时的政府又救济不力，于是许多爱国的仁人志士开始寻找救国、救民的良方，民间慈善组织迅速发展起来；同时，外国传教士进入中国，他们不仅在中国传播慈善观念，还在中国开设学校、教堂、医院、育婴堂等，客观上促进了中国由传统的慈善活动走向现代的慈善事业。[1]

由于近代中国的特殊国情，挽救民族危机是当时各慈善组织的共同主题。围绕这一宗旨，许多公益性团体和组织纷纷诞生，尤其值得一提的是1904年成立的上海万国红十字会，它的成立，标志着中国现代的慈善组织诞生。

1904年，日俄战争在东北爆发。许多无辜的国民天天在死亡线上挣扎，而当时的清朝政府却束手无策。为救护中国难民，上海海关沈敦和等人成立了"东三省红十字普济善会"，这是中国最早的和红十字会有关联的组织。为获得国际社会的承认，1904年3月10日，清朝商约大臣吕海寰、工部左侍郎盛宣怀等人在上海邀请中立的英、美、法、德代表，共同协商成立了"万国红十字会上海支会"，直接宗旨是救护日俄战争期间交战受伤的士兵及东北战地难民并帮助其出境治疗，其行为在当年得到红十字国际委员会的承认。上海万国红十字会首先在营口设立分会，并在营口营建医院一所、受难院一所，共赈济由战地逃出无依靠的难民不下5000名。1905年，上海万国红十字会及其各分会募集巨款，在沈阳、承德、辽阳、营口等27处设点急赈难民22万余人。但因为经费严重不足，1905年9月5日，日俄战争结束后，万国红十字会也宣布解散。

1907年，万国红十字会上海支会改名为大清红十字会，1911年清朝覆灭。1912年大清红十字会更名为中国红十字会，并在1912年1月15日得到国际红十字会的正式承认，1919年中国加入红十字会国际协会。这之后，在军阀混战、抗日战争和解放战争期间，中国红十字会做了大量赈灾、救护工作。同时，中国红十字会秉承国际人道主义精神，多次参与对其他国家的援助。1919年，中国红十字会救护西伯利亚难民，救助德、奥华侨返国；1925年，玻利维亚巨灾后捐助3000法郎；1923年，日本大地震时派出医疗队赴东京救护、赠送药品、捐助金并资助华侨返国。在1947年日本又发生大地震时，中国红十字会仍发扬高度的国际人道主义精神，募集赈款2035万元及部分物资资助日本。[2]

在中华民族饱受战争创伤之时，除了具有国际化色彩的红十字会以

① 北京志愿者协会．走近志愿服务 [M]. 中国国际广播出版社 ,2006:99.

② 李哲．国外志愿服务概况 [J]. 精神文明导刊 ,2010(8):25.

外，对流浪儿童的救济和教养也成为当时慈善救助的重点，救助难童孤儿的慈善公益机构纷纷成立。其中，较著名的是1928年由孔祥熙、郭秉文等人在上海发起的中华慈幼协会，1934年成立了各种儿童教养机构，主要从事战区儿童救护、设立教养院所、资助各教导机构以及发行慈幼书刊等工作；在武汉，抗日战争一开始，社会各界对流浪儿童的救助就极为关切和重视，李德全、曹孟君、安娥四处奔走，发出“救助孩子”的呼声，战时儿童保育会于1938年3月10日在汉口正式成立，宋美龄任理事长、李德全任副理事长。①

在中华民族面临生死存亡之时，中国的有识之士赋予慈善文化新的意义。例如，以从事赈灾活动而著称的江南绅商经元善提出新的慈善观，认为“救急不如救贫”，由兴办义赈推展至兴办近代新式学堂；著名教育家、社会学家晏阳初在20世纪二三十年代开展的乡村教育运动中，提出“以文艺教育攻愚，以生计教育治穷，以卫生教育扶弱，以公民教育克私”的方案，试图在落后的农村开办乡村建设运动，从而实现中华民族的复兴。

（二）中华人民共和国成立以来的志愿服务

中华人民共和国成立以来的志愿服务可以分为两个阶段：以1978年改革开放为临界点，1949年到改革开放为第一阶段，改革开放至今为第二阶段。

1. 志愿服务概念的出现（1949—1978）

这一阶段有两个代表性的事件，可以说是新中国志愿服务的雏形和萌芽，一是50年代青年志愿垦荒队；二是60年代的学雷锋活动。

（1）50年代的青年志愿垦荒队。新中国成立后，在农村，实行了土地改革，一些地区的农民走上合作化的道路，农村面貌开始发生变化，但整体上来说还相当落后。随着各项事业的迅猛发展，相对落后的农业生产根本解决不了日益增长的粮食需要。在城市，百废待兴，城市失业情况比较严重。1955年6月，共青团中央在赴苏联学习共青团的工作经验后，向中共中央递交了一份《关于苏联开垦荒地的一些情况的报告》，该报告对苏联垦荒的规模、物资、人员、组织，共青团在垦区的工作和垦区的生活状况，以及建设“共青城”等状况做了介绍。报告提出从城市中动员年轻

① 佘双好．志愿服务概论 [M]. 武汉大学出版社，2013:21.

力壮、有文化的青年去参加垦荒工作是有好处的，也是解决城市青年就业的一个办法。中共中央于6月27日转发了该报告，并批示这个报告很有参考价值。

由此，1955年7月，团中央根据党中央的精神，发布了《关于组织青年参加边疆建设问题的一些意见》，动员一部分城市中未升学的初中、高小毕业生及其他失业青年参加垦荒工作。1955年8月，按照团中央的计划与要求，第一支青年志愿垦荒队即北京青年志愿垦荒队成立。垦荒队组成的原则有三条：第一，必须绝对自愿；第二，不要国家一分钱投资；第三，去了就不回来。由杨华、李秉衡、庞淑英、李连成、张生五人发起，8月16日《北京日报》《中国青年报》全文刊登五位发起人的申请书，短短十天内就吸引了800多人报名。北京团市委按照团中央书记处的指导意见，从中选拔出了60名年轻力壮、思想端正的青年，其中男队员48人，女队员12人，他们当中有16名党员和42名团员。8月28日，北京青年志愿垦荒队正式成立。30日，志愿垦荒队来到了黑龙江萝北县，开始了他们的志愿垦荒事业。在北京青年志愿垦荒队的带动下，黑龙江、天津、辽宁、山东、河北、云南、广东、福建、浙江、河南、江西、广西等省、市、自治区的青年也纷纷开展了青年志愿垦荒队活动，开始了远、近距离的垦荒。青年志愿垦荒队员总人数发展到20多万名。闻名全国的“共青城”就是在这个时候由上海青年志愿垦荒队建设的。

由党中央和各级党委、政府推动的，50年代的青年志愿垦荒运动尽管是为了解决当时的粮食问题和城市青年就业问题，但得到了广大青年的积极响应。当时一些主要城市和地区直接参加垦荒志愿活动的只有数百人，但报名人数却是成千上万，还有更多的青年通过捐款捐物来表达对这活动的支持。青年志愿垦荒活动是中国青年服从祖国建设需要，将满腔热情转化为自身自觉行为的表现，尽管带有一定的政治色彩，但它提出的“绝对自愿、不要国家投资”的原则，在新中国的志愿服务历史上具有里程碑的意义。

（2）60年代的学雷锋活动。雷锋，1940年12月出生于湖南省望城县，1962年8月15日，因工作意外殉职，时年仅22岁。早在雷锋同志生前，他的事迹在军内就有报道：当辽宁抚顺地区连降暴雨造成洪水泛滥时，雷锋带病坚持抗洪抢险，奋战七昼夜；得知灾区生活困难，又将自己省吃俭用的

200元捐献给灾区；战友家缺钱，他便以战友的名义给战友家寄钱……雷锋走到哪里，好事就做到哪里。雷锋在鞍钢化工总厂和焦化厂总共工作一年零两个月，在这一年零两个月中，18次被评为标兵，3次被评为先进工作者，5次被评为红旗手；入伍两年多，荣立二等功1次，三等功两次，先后被评为艰苦奋斗节约标兵、模范共青团员、学习毛主席著作积极分子等。

雷锋牺牲后，应其生前辅导过的少先队员们的请求，雷锋同志所在的部队于1962年10月办了“雷锋烈士事迹展览”。抚顺团市委带领宣传部人员参观后，被雷锋的精神所感动，认为“雷锋同志不仅是解放军学习的榜样，更是全社会青少年学习的榜样”，号召全市广大青少年开展学习雷锋活动。之后，该活动引起共青团辽宁省委的重视，并向全省推广。当时的团中央第一书记胡耀邦认为这项活动意义深远，在1963年2月15日发出《关于在全国青少年中广泛开展“学习雷锋”的教育活动的通知》，要求全国各地团组织“都应该参照辽宁的经验，在青少年中广泛开展‘学习雷锋’的教育活动”。同时，党和国家领导人纷纷题词，号召全国人民都来学习雷锋：1963年3月5日，中央各大报刊同时刊出毛泽东“向雷锋同志学习”的手迹，3月6日《解放军报》刊登了刘少奇、周恩来、朱德、邓小平的题词手迹，3月7日首都各大报纸都有转载。新中国第一代领导核心的集体号召，将学雷锋活动推向高潮，轰轰烈烈的学雷锋活动在全国范围内开展起来。雷锋精神感染和教育了千千万万的人，到处出现了公而忘私、助人为乐的社会主义新人新事。

从某种意义上讲，中国的志愿服务事业是在学雷锋活动的基础上进一步发展起来：1994年2月4日，共青团中央就发出了《关于“青年志愿者学雷锋奉献日”活动的通知》，全国掀起青年志愿者学雷锋做贡献的热潮；1995年3月1日，中共中央宣传部、国务院办公厅、共青团中央在北京召开“弘扬雷锋精神，广泛开展志愿者行动”的座谈会；2000年，团中央将每年的“学雷锋日”（3月5日）定为“中国青年志愿者日”。

2. 志愿服务的发展（1978 年至今）

改革开放以来，中国政治、经济、社会领域的巨大变革给人们的价值观造成了巨大的冲击，人们在迷茫、困惑中重新审视传统，审视现实，审视自我。志愿服务事业就是在这种迷茫、探索和重塑的过程中产生。改革开放至今的志愿服务可以划分为五个时期：公益转型期（1978—1986）、自发探索期（1987—1993）、组织推动期（1994—2000）、多元发展期（2001—2007）、全民参与期（2008年至今）。①

（1）公益转型期（1978—1986）。十年“文革”，经济社会发展停滞，改革开放就是在这样的条件下启动的。全国人民迫切希望改变生活现状，实现生活富裕、国家强盛的目标。从1978年到1986年，影响社会的主流思想是走出陈旧、僵化的思想观念，激发全社会的物质创造热情。当时尽管也有人对当时社会公德淡薄、团结互助意识缺失表示忧虑，并提出在物质财富的创造过程中也要发扬传统美德、建设互助风尚的建议，但并未引起广泛关注。这时候，各机构也年年开展“学雷锋”活动，但往往出现“雷锋叔叔三月来了四月走”的现象，“学雷锋”活动形式化、短期化。当时社会中也有些乐于助人、热心公益的人士，但往往会被认为“傻帽”“不够进化”。为此，只有实现观念变革，中国的公益服务、友爱互助才会焕发新的生命力。

（2）自发探索期（1987—1993）。20世纪80年代末期，经济快速增长。人们的基本物质需求得到满足，生活目标不再仅仅局限于衣食住行，而是开始追求标志生活质量的精神需求的满足。在当时中国改革开放前沿的广州、深圳两地，一批热心青年主动参考与借鉴香港、澳门“义务工作”的经验，结合学雷锋活动，率先探索志愿服务的形式。1987年，广州市诞生了全国第一条志愿者服务热线电话——中学生心声热线，“志愿服务”的萌芽破土而出。之后，1989年，在天津市和平区新兴街道诞生了全国第一个社区志愿服务团体——天津和平区新兴街道社区服务志愿者协会；1990年，深圳市诞生全国第一个正式注册的志愿者社团——深圳市义务工作者联合会；1992年，广东省佛山市诞生“义工团”。不同类型、名称各异的志愿组织开始陆续产生。这一时期的“志愿服务”大多是由青年自发组建、自发服务的，所以力量相对单薄，社会影响力也有限。但促进了市场经济社会中的新型友善互助风尚的形成，提供了先行探索的经验。

（3）组织推动期（1994—2000）。20世纪90年代，由组织推动的自上

---

① 谭建光，周宏峰．中国志愿者：从青年到全民——改革开放30年志愿服务发展分析[J]. 中国青年研究，2009(1):76-81.

而下发起并推广的志愿服务活动开始在中国出现。最具有影响力的莫过于1994年由共青团中央发起并成立的中国青年志愿者协会，截至1998年3月，团中央成立省级志愿者协会31个，地市级青年志愿者协会738个，青年志愿服务站15018个，志愿服务基地21569个，参加青年志愿服务活动的人次高达7240万。中国青年志愿者协会隶属于共青团，是目前中国最为活跃、规模最大、影响最广泛的志愿者队伍之一；另一支志愿者队伍是隶属于民政部的社区志愿者队伍，目前已形成市、区、街道和社区四级志愿服务网络，服务领域涉及社区居民的工作、学习、生活等各个领域，服务主体包括老、中、青各类群体。除了这两类组织推动的志愿服务以外，中国的其他社会团体也有自己的志愿者和志愿服务活动，如中华全国妇女联合会、中华全国慈善总会、中国老龄科技工作者协会等。原国家对外经济贸易合作部也定期向国外派遣志愿者开展援外工作。此外，在此阶段还有一些民间性的志愿者组织，如“自然之友”“绿色家园志愿者”等，但影响力不大。因此，联系中国当时的实际状况，这一阶段共青团组织推动的志愿者行动，奠定了中国志愿服务事业的基础。

（4）多元发展期（2001—2007）。进入新世纪，伴随着改革的不断深入，中国日益与国际接轨，国际上一些具有重大影响的活动都对中国产生了不可忽视的作用。2001年是国际志愿年，在其影响和推动下，中国志愿服务进入多元发展期。2001国际志愿年的庆祝活动，促进了中国青年志愿者协会与联合国志愿人员的合作，也促使社会各界发现志愿服务是促进全民的事业，政府部门、各群团组织以及其他机构与组织开始越来越重视志愿服务。在此影响下，民政部加快了社区志愿服务的步伐，并于2005年3月成立中国社会工作协会社区志愿者工作委员会（后更名为“志愿者工作委员会”）；妇联成立了“巾帼志愿服务总队”；中国慈善总会和红十字会也扩充了公益团体的力量；企业和各民间组织发展志愿服务的热情也日渐高涨。中国的志愿服务开始打破传统单一职能部门的限制，进入多元化发展的时代。

（5）全民参与期（2008年至今）。联合国志愿组织中国项目负责人在北京奥运志愿服务成果转化研究第二次会议上曾经说过：“2008年将是中国志愿服务元年。”最主要的标志是全民参与志愿服务时代的来临。体现在2008年的两件大事上：一是2008年“5·12”汶川大地震后的志愿服务。成千上万的志愿者踊跃奔赴救灾第一线，有些是志愿组织派来的，更多的是自发前往的。在救灾现场，到处都是解放军官兵、医务工作者、志愿者……志愿者中有青年，也有中老年人，甚至还有少年；有党团员志愿者，也有宗教团体志愿者和企业志愿者。数以万计的志愿者在灾区，为当时的抗震救灾做出了不可磨灭的贡献，产生了巨大的社会影响，让所有中国人一夜之间认识到志愿服务的重要性。二是2008年的北京奥运会，10万赛会志愿者、40万城市志愿者、100万社会志愿者和20万啦啦队志愿者共170万志愿者参与了服务，志愿者以其微笑的形象、优质高效的服务以及无私奉献的精神赢得了全世界的赞誉，让世界各国的领导人、媒体记者、运动员，所有的现场观众和场外观众对志愿服务有了新的认识。[①]此外，在2010年的上海世博会，共有7.7万园区志愿者、13万城市志愿服务站点志愿者、197万城市文明志愿者参与了世博志愿服务，刷新了北京奥运会170万志愿者的纪录。[②]南京青奥会共有2万名“小青柠”青年志愿者参与志愿服务，得到了习近平总书记的高度肯定。南通“江海志愿者”弘扬的“凡人善举”如同浩荡春风享誉全国；镇江骨髓捐献“生命志愿者”达1.46万人，成功捐献骨髓的志愿者62人。两项指标均位居全国前列。盐城特大冰雹灾害发生后，各级青年志愿者组织积极开展抢险救灾工作，共组织155批次3200余人次的社会公益组织救援力量参与灾区志愿服务工作，得到了各界的高度赞扬。

近年来，从以上中国志愿服务的发展轨迹来看，志愿服务是与社会发展息息相关的事业。我们有理由相信，随着经济社会的不断发展，中国的志愿服务事业必将蓬勃深化，不断朝着专业化、国际化、法制化、全民化的方向发展。

① 张晓红，李凌．论北京奥运志愿者精神与社会主义核心价值观体系[J]. 西南民族大学学报，2009(9):231–234.

② 本刊记者．世界在你眼前，我们在你身边——上海世博会外籍记者[J]. 国际人才交流，2010:14–15.

三、当代中国青年志愿者活动

青年志愿者活动是由多个部分组成的一个有机整体，包括青年志愿组织机构的组建活动、青年志愿者的招募活动、青年志愿者的培训活动、青年志愿者的交流活动、青年志愿者的服务活动、青年志愿者的推广和宣传活动，这些活动构成了青年志愿者活动的大部分内容，需要青年志愿者认真参与，并在活动当中充分发挥主观能动性，发挥自身能力、专长，为各项青年志愿者活动贡献力量。

中国青年志愿者活动在蓬勃兴起的过程中，呈现出符合时代和青年要求的鲜明特征:

（一）时代性

青年志愿者活动顺应了时代发展的要求，它着眼于为建立社会主义市场经济体制创造良好的社会环境，在建立和完善多层次社会保障体系方面有所作为；它弘扬新风正气，是新时期动员青年参与群众性精神文明建设活动的有效途径；它上为政府分忧，下为百姓解愁，帮困扶贫，救急救难，促进了改革、发展和稳定;它引导当代青年在服务社会的实践中成长成材，成为跨世纪的合格人才，具有鲜明的时代特征。

（二）自愿性

青年志愿者活动以激发基于道义良知、同情心和公民社会责任感等青年内心行为动机为主要动员手段。组织者公开招募，参与者自愿报名，充分尊重了当代青年平等参与的意识。正是由于青年志愿者活动以自愿参加为前提，参加行动的动力来自参与者本身，因而参与者更具有积极性和责任感，比较容易坚持，有利于活动的持久和深入。

（三）群众性

由于符合青年的愿望和社会的需求，青年志愿者活动具有强烈的社会感召力和广泛的群众基础，是一项以青年为主体、全社会广泛参与、充满生机与活力的群众性活动。它已超越了空间、时间、职业等方面的局限，遍及、深入到社会生活的各个方面、各个层面，在全社会形成了强烈的辐射效应。各地、各条战线、各个行业的志愿组织结合自己的实际开展活动，使志愿服务从内容到形式都呈现出多样性。青年志愿者活动的参与面、发动面和服务面都比较广泛。

（四）实践性

青年志愿者活动是一种生机勃勃的群众性社会实践活动，它既是实实在在的社会服务活动，又包含着深刻的思想政治教育内容，是两者的有机结合，具有帮助他人、完善自己、服务社会、弘扬新风的功能。青年志愿者实实在在的服务实践，使服务的主体和客体都发生了深刻的变化。

（五）开放性

青年志愿者活动立足现实，着眼未来，服务社会，教育青年，是一个开放的、动态的系统，无论是内容还是形式，都具有丰富的内涵和极强的吸纳能力。青年志愿者活动是一项面向社会、面向世界、面向未来、充满勃勃生机和跨世纪事业，它鼓励和需要人们大胆探索，勇于实践，不断创造、丰富和完善它的内容和形式;它充分尊重和大力倡导各地各类青年志愿者组织在志愿服务方面的自主性和创造性，形成丰富多彩、富有特色的志愿服务活动和模式。

（六）社会性

从发展目标来看，青年志愿者活动要逐步成为社会成员的一种日常行为，成为全社会广泛参与的一项社会事业。就推进手段而言，青年志愿者活动从组织发动、开展服务到机制建设，都十分注重开发和利用社会资源，调动社会各方面的积极性，形成合力，共同推进。

（七）事业性

各地都坚持以办事业的精神和方式推进青年志愿者活动，非常重视研究和积极探索使青年志愿者活动坚持长久的途径、方式或机制，在开展活动的同时注意健全组织，稳定队伍，建立基金，形成项目，并创造和完善了使活动经常化、规范化的“一助一”“包户”“结对”“三定三包”等志愿服务形式以及在青年志愿者招募、使用、管理、培训、评价、奖励等方面逐步形成较为规范的制度，努力使青年志愿者活动成为一项跨世纪的伟大事业。

延伸阅读

英国的志愿者文化发展

英国的志愿服务可以追溯到早期的民间慈善活动与自助团体。1601年，英国通过了《慈善用途法》和《贫困法》，以鼓励民间慈善事业的发展，缓解社会的矛盾。《慈善用途法》确认了慈善组织的法律地位，规定了慈善组织的行为范畴。根据该法律，英国慈善组织具有公益性、慈善性、民间性、独立性、非营利性、非政治性等特征。而最早的自助团体也出现在这个时期，其主体是工人阶级。当时很多自助团体被称作为“友谊社”。其后还出现了一些其他形式的自助组织，如工会、消费合作社、建房社等等。工业革命带来的社会巨变，促使慈善事业更加发展壮大。历经多年的发展，慈善事业已成了英国公民社会的重要组成部分。直到19世纪末，英国政府与志愿服务组织之间存在着一种分工，即政府管“不该穷的穷人”，志愿团体照顾“命里注定的穷人”（直接向受惠人提供服务的是志愿团体，政府很少参与）。面对动荡的战乱和层出不穷的社会问题，英国政府承担起了主要的责任，逐步进入教育、卫生保健、社会福利、最低收入保障等领域。不仅经费由政府保证，而且具体的事务也由政府工作人员操办，此外政府还得承担对这些领域的监督规范责任。英国由此成为一个福利国家。为了维护平等和社会正义，英国政府在社会福利制度的改革方面采取了一项重要的措施，政府仍保证社会福利事业所需要的资金，但将提供服务的工作转交给志愿机构承担，即政府花钱购买服务。英国志愿服务因此迎来了蓬勃发展的新契机。根据萨拉蒙等人的研究，志愿服务对英国整个国民经济的贡献是很大的。从就业的角度看，英国非营利部门在短短一年的时间内雇用了近万个全职领薪人员，超过整个经济领域内就业人口的。其中，志愿服务组织的就业人数超过万人。如果把志愿服务组织的志愿者纳入整个劳动力大军的计算中，其将占正规经济领域中人力资源的12.3%。与欧洲其他国家的志愿服务相比，英国的志愿服务体现出一些明显的特征。

首先，英国志愿者对慈善募捐工作的专注程度较高。在英国，有不少规模较大的、国家级的慈善组织，而志愿者通常是在这些组织的地方或分支机构从事志愿服务工作。志愿者投入很大一部分时间在志愿服务组织的委员会中工作，协助志愿服务组织的运作与管理。

其次，社会力量的大力支撑和健全的监督机制。英国志愿服务成功的重要原因是社会力量的大力支撑，整个志愿服务的主体可以理解为社会力量在运作，大量资金来源于社会，除了个人和企业的募捐外，还有大量的社会公益基金，其中政府的投入仅占极少数。对志愿服务组织的监督管理也是来自社会力量，基本形成了以董事会为主体、政府为辅助的健全的监督机制。董事会指导志愿服务组织的运作、重大决策和财务的监督管理，甚至是日常的办公事务，政府对志愿服务组织主要是宏观监督以及对委托项目的监管。每一个志愿服务组织都是一个独立的法人，如同公司一样自主经营、自负盈亏，无论是雇员还是董事会成员都有很强的竞争意识和危机意识。

第三，社会福利工作在英国志愿服务工作中占很重要的分量，这些社会福利工作与社会服务、教育、宗教有着密切的联系，而教育的重要性尤其突出。英国人认为，志愿者与志愿服务活动为英国社会福利事业的发展做出了突出的贡献，是对社会公共部门的服务的一种重要补充。

第四，志愿服务得到政府的大力扶持。英国政府制定一系列的政策扶持志愿服务事业的发展，如返还所得税制度。这制度既是政府财政支持的变相形式，也是为了鼓励社会对志愿服务事业进行更广泛捐赠的制度保障。英国内务大臣曾宣布一项面向包括志愿服务组织的便利捐献制度，该制度允许中小企业的员工可以直接通过他们的工资发放银行代理捐款，这样大大方便了中小企业员工定期、不定期的小额捐款。该制度还规定了企业的捐款额从税前利润减除，即捐献部分是免税的。政府还常常委托服务项目给志愿服务组织，合作共赢。

此外，英国将志愿服务活动与公民的成才就业、公司的利益等方面挂钩，使志愿服务活动得到社会民众的全面响应，确立了一个广泛的群众基础。许多公司鼓励员工定期当志愿者，参与志愿服务，使它们的员工更加身心健康、更加了解社会，谅解公司的困难；许多公司参与志愿服务，以加强与社会的交流，树立良好的社会形象。根据英国志愿服务研究所开展的一项名为“全国志愿活动调查”显示，英国每年大约有2200万年龄在18岁及以上的成年人参加某种形式的正式志愿活动，占全部成年人口的48%，有的人是出于“为需要的人提供帮助”的动机，还有的人是因为“个人的需要、兴趣”的动机，志愿者投入到志愿活动的总时间大约在8800万小时。

思考题

1.概括并简述志愿服务的在社会主义建设发展中的重要性。

2.简述志愿者工作的技巧并说明其重要性。

3.请概述志愿文化在中国的发展特点。

第五章

志愿服务组织

志愿服务在本质上是志愿者参与并达成合作的一种集体行动，有效的集体行动必然离不开组织载体。志愿服务组织就是志愿服务有序开展的组织基础，是志愿服务的中坚力量。通过志愿服务组织汇聚志愿资源，服务会更有序、更长效。

第一节　志愿服务组织的概念

※

志愿服务组织是志愿服务有序开展的组织基础，是志愿服务的中坚力量。志愿者组织网络的构建和完善，是人们自觉为他人和社会服务，共同建设美好生活的生动实践，对于推动社会公共服务多元化，弥补政府某些情况下的缺位，架起社会群体之间友爱和帮助的桥梁，促进社会信任与社会和谐具有重要作用。

我国的志愿服务组织基础研究大多沿用和借鉴了西方的概念和研究成果。民间社会组织最早是中国台湾地区学者对“Civil Society”的翻译，为大陆学界所接受，并在研究中国民间组织时加以广泛使用。

学者于海指出，志愿服务组织既是指志愿者集中开展志愿工作的组织形式，又指组织志愿者参与社会志愿服务的动态过程。就形式而言，又可分为非正式的志愿者团队（包括民间组织）和正式的志愿者机构。

学者徐中振认为，志愿服务组织必须要体现志愿服务精神，才能肩负为公共服务的社会使命。

学者祝灵君对志愿服务组织的概念做出了明确的界定，志愿服务组织是公民在不计报酬，自愿奉献自己的时间与精力为他人服务的过程中自发组织起来的民间组织。

志愿服务组织从概念划分，具有民间与非营利双重特性。志愿服务组织更强调参与者的精神，更强调个体心理，它是主观上个人对具体事件的行为的判断。

在目标层面上，志愿服务组织从满足社会的需求出发，其公益目标明确、行动集中并相对单一。从组织属性看，志愿服务组织是社会学、经济学和政治学等学科共同关注的“自组织”。自组织是指为解决“公共池塘资源”（common pool resources）问题，民众自发组织起来，在情感、认同和信任之上建立起来的组织形态，包括NGO、兴趣团体、社区自治小组、网络虚拟团体等等。志愿服务组织从事的看似简单低门槛的工作，折射的是对奉献、温暖、关怀、尊重、接纳等社会公共价值和人本关怀的传递。

第二节 志愿服务组织的分类

※

对于志愿服务组织的分类，外国学者克雷默等人对志愿社团与志愿机构所作的区分很有启发性，他们认为：志愿社团是一种非正式的组织，通常依靠其会员开展活动；志愿机构更为正式、科层化，雇佣员工向社会提供连续性的服务。

志愿服务组织依据其服务范围，可以分为世界性、全国性、地方性、区域性的组织；依据是否经过政府批准，可以分为正式志愿服务组织和非正式志愿服务组织。

一、正式志愿服务组织

志愿服务组织是人们为了共同目的，在自愿基础上形成的产物。按照结社自由的一般理念，公民有不经管理员许可成立和加入组织的自由，政府无权干涉。但是，事实上，民间组织的法律地位的取得总是同一定形式的许可和登记制度相关。因此，志愿服务组织的成立，必须关注许可和登记问题。通常，我们从志愿服务组织的成立和国家权力之间的互动关系上，可将志愿服务组织的成立分为三种类型：许可制、部分许可制和放任制。与西方许多国家在民间组织成立方面大多实行的“部分许可制”和

"放任制"不同，包括我国在内的亚洲国家大多采取的是许可制。许可制是指国家对民间志愿服务组织的成立采取资格准入制度，志愿服务组织的成立要得到国家有关部门的批准。未经批准成立的民间志愿服务组织为不被承认，国家对它们总体上采取禁止态度。

在我国，有大量的志愿组织依托共青团、妇联、社区等建立，例如，中国青年志愿者协会、中国社区志愿者工作委员会等，他们一般与政府关系紧密，绝大部分资金和项目都来源于政府或者受到政府有力支持。随着市场经济的建立和社会管理体制改革的推进，在政府职能转变中剥离出来的部分领域包括环境保护、社会保障等领域也开始涌现出许多自下而上的志愿组织，如自然之友等。它们由公民自发联合组成，但必须挂靠在一定的政府部门、事业单位或群众团体之下。

二、非正式志愿服务组织

由于有些国家实行许可制，现实生活中也有大量的志愿服务机构因为种种原因很难注册成功。这类非正式志愿服务组织大多尽量淡化自己的法律形象，不谈它们的注册身份，以民间组织这样一种宽泛的概念来模糊获得法律承认的民间组织和没有获得法律承认的民间组织的区别。比如，它们一般称自己是民间组织、民间团体、民间机构、非营利机构这样的泛称，而不是国家法律文件规定的社会团体、民办非企业单位、基金会这样具有具体法律含义的称谓。

非正式志愿服务组织往往凭借良好的工作效率、领导人的个人魅力、活动的正当性、强调自身的非营利性和公益性等来赢得社会公众的承认和认可，从而赢得实质合法性。但是，国家权威在社会生活的方方面面还有着些不可抗拒的巨大影响，相对于国家权威的承认和认可，社会的承认和认可被降低到了一个次要层次。因此，对中国的民间组织而言，赋予其合法性的主体不仅仅是社会和道义，更重要的是国家。因此，它们往往通过寻求一定程度的国家权威支持和认可，来弥补自身因法律程序的缺失所造成的合法性不足问题。

第三节　志愿服务组织的功能

※

一、政治发展功能

志愿服务组织在三个方面会体现出强大的政治功能：一是在政府各种改革中志愿服务组织具有强大的推动作用。志愿服务组织能提高社会运行效率，调节社会服务和弥补管理漏洞，净化公共环境，满足社会多元化的需求，扮演好社会管理者的角色，并监督政府权力运行。志愿服务组织能调节政府与社会因改革而所产生的紧张关系，为政府推进改革创造提供平缓的社会环境。二是志愿服务组织和社会民主之间关系紧密。成熟的社会是民主发展的源泉，志愿服务组织本体又是社会发展的有力保证，志愿活动的开展既能促进社会的和谐发展，又能为民主的全面发展创造条件。三是志愿服务组织对维持社会平稳有序发展具有积极作用。矛盾冲突是影响社会和谐稳定的主要因素，志愿服务组织能够促进社会保障工作的完善，调节矛盾，避免不必要的冲突，增强社会与政府之间的沟通，维护社会的公共利益。

二、化解社会矛盾的作用

构建社会主义和谐社会的前提是社会稳定有序，人民与政府之间以及人民与社会之间的相互信任和支持，是一切工作的基础。志愿服务组织能够通过促进政府与社会之间协商对话，促进多方利益群体对话等方式，避免和化解社会危机。随着我国经济的快速发展和改革的日益深化，就业、分配、社会保障、生存环境等社会矛盾就日益显现，如果政府不能及时解决问题、协调各方利益，很容易引发社会危机，影响社会稳定。当前，社会矛盾出现的主要原因是，政府、社会信息不对称、沟通渠道不畅通，而志愿服务组织作为“第三方”，可以弥补政府协调作用的乏力问题，起到缓冲、协调的积极作用，完全可以胜任各方利益调节者这一角色。

此外，志愿服务组织还可以监督督促政府、企事业单位的社会活动，是人民群众集体参与监督的另一种形式。志愿服务组织是人民群众的组织，往往深入基层，贴近生活，最快掌握社会动态，并且能较早地察觉发现社会当中的不良现象和违法违规行为，从而使政府、企业更好地为社会提供服务，维护社会稳定发展，推进社会主义和谐社会的建设。

三、在社会公共服务方面的作用

随着中国经济社会的快速发展，社会公共服务领域的压力越来越大，政府所提供的社会公共服务无法满足人们日益提升的生活需求，政府在社会公共服务领域的短板频频出现，人们不得不从其他途径寻求弥补的方式。志愿服务组织能很好地承担这一部分社会责任。

党的十八大也提出政治体制改革的主体和依靠力量就是广大的人民群众，新形势下的志愿服务组织就是人民群众自己的组织。并且志愿服务组织在公共服务领域还具有自己独特的优势。比如，志愿服务组织在参与社会公共服务时，更接地气，更了解人民的内心需求。还有志愿服务组织的群众性，使得提供公共服务变得门槛更低，提供公共服务和接受公共服务的人群都得到增加。在志愿服务组织发展越是发达的国家，志愿服务组织所承担的社会公共服务也就越多，志愿服务组织的群众性、公益性等特点，既能很好地满足人们在新时期对社会公共服务的各种需求，也能更好地分担政府在社会公共服务领域的工作，减轻了政府的负担，从而帮助加快和谐社会建设。

四、在人道主义援助方面的作用

提供人道主义援助和公益服务是志愿服务组织的主要职能。比如，在风暴、地震、洪水等重大灾害发生后，许多志愿服务组织第一时间赶到现场展开救助，向灾区提供各种人力物力支援，并为灾后重建工作提供各种志愿服务。另外志愿服务组织还会组织和促进各种慈善基金会的建立和发展，帮助各种慈善基金会管理社会各界的慈善捐款，向慈善基金会提供免费又专业的志愿服务，帮助慈善基金会向社会提供公益服务等。

目前社会中成长起来的各种“草根”组织，让公益服务迅速普及。这些志愿服务组织虽小但精干，它们存在于社会的各个领域，成为新时期推动公益服务的中坚力量。志愿服务组织在填补政府公共服务空白领域、照顾弱势群体、帮助企事业单位从事公益服务、辅助政府推进公益事业方面起到重要作用。尤其在中小型城市中，这些草根志愿服务组织成为当地公益服务和人道主义援助的主要力量。

五、在生态文明建设中的作用

生态文明是以人与自然、人与人、人与社会和谐共生、良性循环、全面发展、持续繁荣为基本宗旨的文明形态。随着中国经济的快速发展，资源、环境的压力越来越大，转变经济发展方式，走可持续发展道路，建设资源节约型、环境友好型社会，建设生态文明等发展理念和战略举措日益成为党中央构建社会主义和谐社会的重要内容。

志愿服务组织在保护生态环境、促进生态文明建设方面起着重要作用。首先，志愿服务组织在宣传环境保护、传递环保精神方面起着积极作用。许多志愿服务组织把环保作为组织发展宗旨和目标，它们宣传环保理念、倡导生态文明，营造环境保护的文化氛围，教育青少年注意环境保护，开展全民环保行动，提高全民保护环境的自觉性。其次，志愿服务组织通过加强社会协作进行生态文明建设。志愿服务组织发挥其第三部门的特性，动员、组织、协调社会各种力量投入到生态文明建设中来。志愿服务组织可以建立政府、企业、社会的环保关系链条，加强各方的合作，探索做好环保工作的各种途径和方式，发挥其社会影响力和精神传递的能力，引导全社会共同参与到生态文明建设中来。第三，志愿服务组织在生态文明建设中发挥强大的监督作用。志愿服务组织有着良好的群众基础，能够发动群众对政府、社会进行监督，呼吁重视环保，促进环境保护的相关政策、法律法规的出台。专业的志愿服务组织在辨别政府环保信息，发挥环境知情权等方面的作用很大，对政府和企业的环保态度和工作效率都有影响和促进。第四，志愿服务组织在推动环保创新方面具有优势。志愿精神是不分国界的，志愿服务组织能够给全世界的环保人士提供一个平台，促进各个国家、地区在环保创新方面的交流，从而推动环保事业的发展。

六、志愿精神的培育和发展为社会主义和谐社会建设提供保障

社会主义和谐社会是民主法治、公平正义、诚信友爱、充满活力、安定有序、人与自然和谐相处的社会，建设和谐社会对公民素质提出了更高要求。奉献、友爱、互助是志愿者精神的核心内容。志愿者帮助他人于苦难和危机之中，唤醒人们内心的纯真和善良，他们将爱心和慈善传递开来，在满足自己的精神追求的同时，也促进了社会的进步。志愿者精神是我们构建社会主义和谐社会所需要的精神基础，培育和发展志愿者精神有助于公民意识和社会道德水平的提升，必然会对建设和谐社会起到积极的促进作用。尤其是在当前处于转型时期的中国，通过发展志愿服务组织来培育和发展志愿者精神不失为一条可以探索的途径。

总之，志愿服务组织是构建社会主义和谐社会的一支重要力量。它们在教育、科研、文化、卫生，以及城建、公共交通、环境保护等各个方面都起到积极推动作用。随着政府推行“小政府，大社会”模式的行政理念，志愿服务组织的社会角色和社会作用将日益突出，它将承担许多政府办不了、办不好的公共事务，逐渐成为社会公益事业和国际交流合作的重要力量，目前，我国已经有越来越多的志愿服务组织在为社会建设提供服务。

第四节　志愿服务组织的管理制度

※

随着我国的志愿服务事业蓬勃发展，各种类型的志愿服务组织犹如雨后春笋般涌现出来，志愿服务的组织化发展初具规模，加强志愿服务组织的内部建设的呼声也越来越高。理清志愿服务组织的机构设置，提高志愿服务组织的管理水平，已经成为志愿服务领域内的共识，也是未来志愿服务工作发展的趋势。

一、管理制度的重要性

志愿服务组织如果想保持有条不紊的运作，严格清晰的管理制度是必不可少的。管理制度是组织内部结构和成员的行为规范以及行为守则标准。通过制定各项制度，可以协调内部成员的思想意志，保证宗旨、使命的实现，保证内部民主程序、原则的贯彻；同时也保证组织各项工作的连续性，避免由于人事变动而造成的脱节和随意性改变以及出现管理者的独裁问题。制度是组织运行的保障，如果将志愿服务组织比作一条轮船，那么管理者就是领航员，而制度则是轮船的整个架构。一个志愿服务组织是否能够正规、有序地运作，很大程度上取决于组织的制度是否健全。管理制度的重要性，可以从以下几个方面来看：

一是保证志愿服务组织的规范性。志愿服务组织的管理制度能够明确组织的各种条例规范，为志愿服务组织的招募、培训及项目运作提供标准和依据。

二是保证志愿服务组织的延续性。志愿服务组织的存在需要保障，而组织制度管理正是其中一个重要环节。制度管理能够不断推动组织的主要决策者更好地支持和实现已建立的战略目标；使组织的机会选择与所投入的时间和资源安排相匹配；使用较少的资源和时间专门用于纠正错误，以实现志愿服务组织的战略目标。

三是提供志愿服务组织成员协调交流框架。组织的管理制度能够为志愿服务组织成员创造一个在人际间协调和交流的合理化框架，帮助每位志愿者为组织的宗旨和长期目标而努力奋斗。组织的管理制度将为每位志愿者设计出明确的权利和义务，适当鼓励更多的志愿者超前思考，为组织的未来发展出谋献策。

二、志愿者注册管理办法

（一）制定志愿者注册管理办法的必要性

志愿者注册工作是志愿服务发展到一定程度后，与国际志愿服务接轨的必由之路。志愿者注册，是志愿者队伍建设的核心，也是志愿服务项目建设、组织建设、机制建设的基础。注册就是要使那些真正想参与志愿服务的青年和社会各界人士能够找到组织，并及时获得参与志愿服务的机会与渠道。同时注册工作也是为更广泛、持久地开展志愿服务搭建一个开放的工作平台。如果没有注册管理制度，志愿者将没有正式途径进行自我身份认同，也无法正常开展志愿工作。

注册是手段，服务才是目的。以推行志愿者注册制度为核心和切入点，加强志愿服务的队伍建设，带动志愿服务的项目建设、组织建设和机制建设，整合志愿服务的人力资源，实现志愿者、服务对象和服务项目的有序对接，逐步形成志愿者工作社会化、科学化、规范化的运行体系是制定志愿者注册办法的最终目的。[1]

（二）志愿者注册管理办法的基本内容

参照《中国青年志愿者注册管理办法（试行）》，志愿者注册管理办法一般包括志愿者注册机构、程序、管理培训的相关规则，以及志愿者的基本条件、权利和义务的规定，志愿者的权益保障、制度保障等基本条款。

三、其他管理制度

（一）内部责任制度

为了提高工作效率、防止工作中的一些疏漏，并及时处理一些违法、违背章程及制度的行为，志愿组织应当建立、健全内部责任制度，形成有效的制约机制，做到违反章程、制度必然得到追究。当然，志愿组织的内部责任制度与行政机关的责任制度有着本质的不同，不可以施以行政处分的处理措施，但可以采用罢免法定代表人、撤销理事资格等相应的组织处理措施来追究责任。

建立明确的内部责任制度，有利于志愿组织的管理者赏罚明晰，正面激励志愿者发挥自身积极作用，回避可能出现的负面问题。让志愿者清楚自己承担的责任，在职责范围内做好本职工作。管理者也可以依照责任制度，一旦出现问题，及时与志愿者进行沟通并解决问题。

（二）财务制度

财务制度的健全，对外可以保证国家的资助、社会捐赠的财产依法得到管理和使用，增加透明度，提高志愿组织的公信力；对内可以保证各项费用的合理收支，防止个人侵吞、挪用和非法占用等损害志愿服务组织财产的行为的发生。

---

① 金添 . 现阶段大学生志愿服务活动问题与研究 [J]. 中国科技投资 ,2013(Z1):130.

延伸阅读

南京圆梦志愿者服务中心

南京圆梦志愿者服务中心成立于2012年9月，于2015年在南京市建邺区民政局、建邺区团区委大力支持下，登记注册为一家创新型公益组织，机构以“益起来圆梦，圆梦公益与您快乐共成长”为愿景，专注于志愿服务、公益创新创业、弱势群体关怀与发展、社会服务四大领域。

2015年以来，圆梦公益重点打造12个重点社会公益项目，有着“让爱绽放·文明南京”“益+艺”“紫金草计划”“益起来圆梦”“圆梦公益奖助学金计划”等公益项目，项目入选“中国公益项目大赛”“中国青年志愿者项目大赛”“江苏省青年公益项目大赛”，多次获得共青团中央、共青团江苏省委、江苏省民政厅、省文明办等单位表彰。

团队背景

圆梦公益团队（圆梦公益创新机构）成立于2012年9月，由国家民政部门和共青团系统登记注册成立的公益慈善类社会组织，原南京广播电视集团（南京网络电视台）等单位发起的“中国公益志愿者联盟（联盟公益）”。

团队构成

圆梦公益团队所有圆梦人基于共同的公益价值追求，以转型与创新同步为基础，以改革促团队发展为动力，经过五年的发展和由点到面的“大组织小团队模式”转型改革，圆梦公益团队已经拥有100多名的核心成员与10位从事社会福利或相关志愿事业的，在公益领域内有一定经验或专门研究的线上云顾问团队。

2014年以来，中心始终发扬“奥林匹克精神”，传承“南京青奥精神”，中心骨干成员中，有着北京奥运会火炬手2人，南京青奥会火炬手25人。

目前，机构共有12000名登记注册的圆梦志愿者，15支圆梦志愿者服务队，48处志愿者服务基地，3处志愿者培训基地，12家高校共建社团。

团队发展历程

2012年至今，从每月前往一个活动点开展志愿活动（南京栖霞区民族老人公寓）发展到如今的每周前往两个活动点开展志愿活动，并且与多家单位达成合作事项（如南京民族老人公寓、南京青龙山精神病院、南京市祖堂山福利院、南京市竹镇养老院、南京市儿童福利院等）。

思考题

1.志愿组织分为哪两类？请简要概括其性质。

2.志愿组织在哪些方面有着不可忽视的作用？简述并概括其功能。

第六章

志愿服务组织建设

目前我国志愿服务组织主要分为三类：一是由政府部门发起并推广的志愿服务组织，即社区志愿服务组织；二是由准政府部门发起并推广的志愿服务组织，属于“自上而下”的发展模式，即青年志愿者协会；第三类是则从民间自发产生并发展起来的志愿服务组织，属于“自下而上”的发展模式，即草根志愿服务组织。

第一节　志愿服务组织建设的意义

※

一、有利于促进社会和谐进步和推动精神文明建设

志愿服务组织，是依法成立，以开展志愿服务为宗旨的非营利性组织；是组织动员志愿者为他人和社会服务、共同建设美好生活的重要形式；是衡量现代社会文明程度高低的重要标志；是新形势下推进精神文明建设的有效途径。近年来，志愿服务组织在北京奥运会、上海世博会、南京青奥会等国家大型活动和公益事业领域中成绩显著、举足轻重，在精神文明建设中发挥了巨大作用，为经济社会的和谐发展做出了巨大贡献。

二、有利于高校思想政治教育的开展和人才培养

大学生通过志愿服务提高了社会适应能力、培养了人际交往能力、增强了专业能力，促进了大学生社会化，为职业规划和职业发展奠定了基础。同时，大学是学生形成世界观、人生观、价值观的重要时期。在志愿服务的过程中，大学生结合自身的经验，形成新的认识和理解，以此提升自身的思想素质。

三、有利于志愿服务事业的积极发展

志愿者以其特有的身份、形象和社会责任感，引领整体社会志愿服务事业的走向。志愿服务组织对于普及志愿理念、弘扬志愿精神、传播志愿文化有着特殊的作用。今天的大学生志愿者，走出校园步入社会，经过一番历练后，明天将成为社会志愿服务的精英和骨干。因此，大学生志愿服务组织能够培养和塑造出更多优秀的大学生志愿者，进而推动我国志愿服务事业的长远发展。

第二节　志愿服务组织建设的原则

※

志愿服务组织是志愿服务主要的提供主体，是志愿服务的中坚力量。充分发挥志愿服务组织的桥梁纽带作用、资源汇集作用，通过志愿服务组织汇聚志愿资源，为他人和社会提供服务，服务会更有序、更长效，志愿服务的组织化将推动志愿服务健康持续深入开展。

在志愿服务组织建设过程中需要坚持的原则主要有六个方面，分别是以服务社会为原则；以人为本为原则；以可持续发展为原则；以无私和有偿相结合为原则；以去功利化为原则；以激励机制为原则。遵循这六个原则，加强志愿者组织建设，让更多的人参与到其中。[①]志愿服务组织安排志愿者参与志愿服务活动，应当如实记录志愿者个人基本信息、志愿服务情况、培训情况、表彰奖励情况、评价情况等信息，按照统一的信息数据标准录入国务院民政部门指定的志愿服务信息系统，实现数据互联互通。

① 樊瑾．非赢利组织志愿者角色认同研究 [D]. 上海社会科学院 ,2006:118.

一、服务社会

志愿服务组织最为根本的属性是志愿者的服务性和奉献性。在现实的社会生活中，志愿者是不获取报酬，无偿为他人付出和奉献爱心的人。通过现实社会中志愿者的服务活动，以及服务产生的影响，给社会和他人传递正能量，让整个社会都行动起来，加入帮助他人、人人互助的行列中，从而使整个社会都沿着正确的方向前进。在志愿服务组织建设过程中，要加强对志愿者进行服务意识与风险意识的教育，让部分新加入的志愿者明晰志愿者服务的本质与真谛，深化对志愿活动的认识，从而避免志愿活动流于形式的情况发生，并且要使志愿者的服务教育常态化。只有对于志愿者的服务有深刻了解，在工作过程中才能够更加长久、真诚地付出，使志愿服务惠及更多的人，不断扩大志愿者队伍和志愿者服务的影响力。

二、以人为本

在现实的志愿者活动过程中，以人为本主要是体现在两个方面，一是对于志愿服务的对象要以人为本。在现实的志愿服务过程中，要针对现实服务对象的实际情况给予需要帮助的人最为真实的帮助和扶持。要做到急人所急，想人所想，将其视为自己的亲人进行帮扶。二是在设计和实施具体的志愿服务过程中，也需要以人为本。在现实的志愿者组织建设过程中，要尽量从志愿者的现实情况出发，让其多接触一些社会现实，多了解一些人际关系以及社会问题，在进行社会志愿服务的过程中，也能够积累一些社会经验以及知识。

三、可持续发展

开展志愿服务是社会发展的需要，是社会文明进步的标志。无论是对于社会还是志愿者自身均会起到积极作用。在现实的志愿组织建设过程中，需要做到志愿服务的常态化和持久化，不走形式，不走过程，持之以恒地为社会和需要帮扶的人进行付出，进行支援服务。只有志愿服务常态化，持之以恒不间断地对国家和社会进行奉献，才能使整个社会的文明进程加快，才能够感染更多的人，让大家都加入志愿者的队伍中，加入为别人提供无偿服务和奉献的行列中，有利于社会和谐。

四、无私和有偿相结合

无私奉献是志愿组织的根本追求和本质属性。在现实的志愿组织建设和服务的过程中，大多数的志愿者均以此为目标来为国家和社会提供服务。这也体现了志愿服务组织建设的本质属性和追求。无私性是指志愿服务属于无偿行为，志愿服务的提供者从事志愿服务行为不能获得相应的对价。志愿服务组织为志愿者提供交通补贴和午餐补贴等并不影响志愿服务的无偿性，因为此类补贴并不构成志愿服务行为的相应对价。但在强调志愿者服务无私性的同时，也可对志愿者进行必要的补偿，这并未违背志愿者服务的初衷。因为在志愿者服务他人的过程中，其服务的过程需要得到肯定，也能为自身的成长添砖加瓦。因此，在现实的志愿者提供服务过程中，作为志愿服务组织也可以对部分表现优异的志愿者提供部分物质补偿，以肯定志愿者的付出，并从一定层面上促使其更好地进行奉献，更好地进行志愿者服务。

五、去功利化

当前我国部分高校在青年志愿者组织建设过程存在着功利化严重的现象，很多大学生参与志愿者服务的动机并不纯洁，或意在名利及物质报酬。

除部分志愿者在参加动机方面存在一定问题外，志愿服务方式也存在着一定问题，很多志愿者的组织和服务多流于形式，真正希望参与志愿服务的意识不强，此现象可在许多公益活动中可见一斑，在很多大型的公益活动中志愿者人数众多，而在平时非节假日的情况下参与志愿活动的人数则相对较少。例如，老人节时，敬老院的志愿者人数暴增，一天之内给老人洗数十遍脚，而平时非节日的时候，则很少有志愿者光顾敬老院。因此，在现实的青年志愿组织建设过程中，一定要强化志愿者的服务意识，让其真正地参与到现实的志愿服务中，减少其功利化或者功利化的动机倾向，净化青年志愿者队伍，使志愿组织更长久地走下去。

六、激励机制

在志愿组织建设过程中以需要附之激励机制，在激励机制的实施过程中可以从两方面入手。首先便是物质奖励机制，其主要的形式是对参与志愿服务的志愿者发放必要的物质奖励和补贴，或组织推优，或提名单项奖金等；再就是可以对部分志愿者进行精神激励，在现实的工作过程中，对部分优秀志愿者进行表彰、奖励，并树立正面典型进行大力宣传。

第三节　志愿者的招募与选拔

※

对于志愿组织而言，招募志愿者组建自己的团队是实现组织使命的重要保证，因此很多成功的志愿组织非常重视志愿者的招募与选拔工作。志愿服务组织可以招募志愿者开展志愿服务活动。招募时，应当说明与志愿服务有关的真实、准确、完整的信息以及在志愿服务过程中可能发生的风险，并遵循一定的程序。

一、招募目标的确定

常言道，不打无准备之仗。对于志愿者的招募甄选，这句话同样适用。如果不知道服务活动到底需要多少人，以及组织内部和外部能够提供多少人选，那么就无法确定组织要招募志愿者的数量；如果不了解服务对象的范围和人员要求，那么也难以找到能够满足需要的人选。做好招募工作，将为组织顺利开展甄选聘用志愿者奠定坚实的基础。

（一）评估服务对象的需要

策划志愿服务，除配合组织的宗旨和使命来做计划外，更重要的是应先确认“为何”及“为谁”来提供服务。志愿组织的管理者必须对服务对象的需求有根本的了解：他们需要什么？不喜欢什么？另外，还必须明确参与志愿者的需求，这对于避免麻烦是非常重要的。对于需求的评估会使志愿组织的管理者明白服务对象和志愿者希望从项目中得到什么和他们的利益所在。一个好的评估会提高志愿组织员工、志愿者、可能的服务对象之间以及社区成员之间的相互了解。通过评估，志愿组织可以对志愿者和服务对象有更多的了解，有时可以对整个社区的需求有一个全面的了解，从而根据服务区域内服务对象的问题或需求所在，根据不同的问题性质，策划符合需要的志愿服务类别及实践方法，以真正契合服务对象的需要。

（二）设定志愿者岗位

志愿者岗位的设定必须与目标及项目计划相协调，必须使志愿组织和志愿者以及服务对象都受益，从而使招募目标与服务要求相配合，以达到最佳效果。否则，志愿项目会把参与者引入他们不情愿的方向。划定不同的工作范畴，构思志愿者的工作范围，订立招募所需的条件及人数，这一步在招募的准备阶段非常重要，合理的分工将使不同类型、不同方向的志愿者分流，进而找到真正适合自己的岗位。

在划定具体工作范畴，确定招募方向的过程中，下列因素必须考虑：志愿活动中需要协调各种要素和风格；活动必须为参与者提供巨大的机会；活动必须具有弹性，以满足不同个人和群体的需求；活动必须为参与者提供各种经验。

二、招募的准备工作

在正式招募之前，应该要做好基本物资、人员装备以及流程安排等方面的准备工作。

（一）基本物资及人员装备

基本装备和完善的考虑能保证招募及时、顺利进行，一个完整的基本物资及人员装备需包括以下内容：

人员需求清单。包括招募的工作方向、志愿者人数、应聘资格要求等内容，可根据志愿项目计划书进行确定。

招募信息发布的时间和渠道。即确定在什么时间、通过什么方式发布招募信息，以获取最大的效果。一般来说，志愿组织会选用内部公告、招募公告等方式来发布信息。内部公告是一种内部信息发布渠道，主要面向组织内部的员工。这种方式针对性强，信息反馈速度快，花费较少，但只适合于少量应急志愿者的选聘。以招募公告为主导的外部信息发布渠道覆盖面广，能吸引大量的志愿者，但成本较高，所需时间也较长，而且不同的宣传方式也各有优势和不足。

招募工作组人选。包括小组人员姓名、职务、各自的职责。招募工作组的人员结构要合理，一般包括该志愿项目负责人、各部门主管或本部门专业技术人员，必要时可要求高级管理人员参加。

应聘者的考核方案。包括考核的场所、大体时间、考核题目等，为筛选、评价优秀志愿者做好准备。

工作时间表。设计招募及面试的日程，并制订志愿者的工作时间表，分析志愿者将会参与的途径、形式、程序、性质与期限；截止日期一定要明确，避免后期资料的继续流入，徒增工作量。要求组织、各部门在此之前做好迎接新志愿者具体工作安排准备。时间表应该尽可能详细，以便于他人配合。

招募费用预算。包括资料费、宣传费、场地费用等。部门须存放少量现金，以支付志愿者进行服务时的开支及应付不时之需。

招募公告样稿。招募公告要完整、合法，又表述清楚。

一般的行政工作。安排舒适清洁的环境，器材需设备齐全。商讨并安排志愿者的工作地点，按实际的需要订购服装、帽子、胸卡，如有需要则要安排交通接送服务等。

（二）工作流程及分工表

招募工作的策划者还必须使用顺序方式，列出各阶段所需执行的工作，订立招募工作进程分工表，并须不断监督工作的进度，并在有需要时做出调节和转变。至于活动当日的安排，对于具体的内容程序和协调大量志愿者的活动，也需要一个妥善的工作流程和分工表，来明确地列出要执行的各项工作，并估计每项工作所需人手和执行工作的时间。在安排人手分工时，须按工作性质的要求，以配合志愿者的专长和能力，适当地安排工作。再者，每部分的工作细项须授权组长负责协调和统筹安排，组长可由工作人员或富有经验的志愿者担任。

三、招募方式

在招募过程中，志愿组织一般会遇到两种不同类型的问题。一种是新的志愿人员管理者普遍担心的志愿者匮乏的问题；另外一种是非常普遍的问题，就是难以招募到合适的志愿者。通常的情况是，应聘者往往不符合项目需要或组织的目标。所以看一个招募活动是否成功要看是否招募到合适的志愿者。可以将志愿者形容成一个“漏斗”，通过一定程序在社区或若干应聘者中选择最适合组织目标和项目目标的志愿人员，通过这个“漏斗”进行筛选通常有两种不同的方式：

第一种是招募岗位简单、技术性不强的志愿者。大部分人均可胜任此岗位，没有特殊的技术要求，经过简单训练就可上岗，具体招募方式如散发机构宣传品、张贴招募启事；利用大众传媒——电视、广播、报纸和公告；组织社区成员开会宣传；口头宣传等。

第二种是目标招募。这种志愿者需要一定的技能，不是任何人都能胜任的。因此在开展此类招募时，志愿组织管理者必须首先考虑周详如下问题：这种岗位需要什么样的志愿者？有什么特殊的技能需求？什么样的人愿意承担这样的志愿工作？在什么地方可以招募到这样的志愿者？志愿组织如何与这样的志愿者沟通？这样的志愿者需要什么样的激励机制？

志愿组织管理者须在对上述问题集思广益和咨询各方意见后，选择合适的宣传方式，发掘有潜质的志愿者，及时对招募效果进行评估。

招募是整个志愿者甄选录用工作的重要组成部分，组织者有必要对招募工作的效果进行评估。对招募效果进行评估，有利于志愿组织节省成本，有利于检验招募计划的有效情况，有利于促进选聘工作的质量改进。

（一）对招募效果进行评估

组织者应该从应聘者、招募成本和招募部门工作等多方面进行评估。招募效果评估主要涉及以下方面：

应聘者数量。由于一个好的招募计划的目的是引来大量可供选择的申请人，因此，申请人数量应作为评价招募工作的基础。应考虑应聘者数量是否足以填满空缺。

应聘者质量。除了应聘者数量以外，另一个应关注的事项是应聘者能否满足相关岗位的需求，是否能将事情做好，担起责任来。因此应聘者的质量比数量更加重要。

工作水平。合格的招募人员会花相当多的时间来了解服务对象的情况，同时，用人部门应该明确提出本部门所需要志愿服务的关键技能和条件。

反应速度。真正高效的招募部门应该了解其他志愿组织并拥有各种志愿者的资料。这就需要组织内部各部门在平时就注意搜集各种信息。

能否及时安排面试。当今的志愿服务领域的竞争异常激烈，许多志愿者常常在短时间内要决定选择哪项具体的志愿活动。如果总是推迟面试，应聘者会感到忽视，也会在招募人员中形成松散的工作风气。

（二）建立志愿者招募的长期系统

组织者不能将眼光仅仅局限于某一次的短期招募上. 而应该开拓志愿服务领域，订立较长远的服务计划及组织经常性的服务，加强志愿者的参与和维系他们的延续性，制定清晰的工作方向，建立招募志愿者的系统和完善档案，从而使以后的招募工作变得更为便利。

第四节　志愿者的培训与素质提升

※

一、志愿者的培训准备

志愿者在正式上岗之前，应该要对志愿服务相关知识、岗位情况等有所了解，这些知识能够帮助志愿者更好地完成服务任务。因此，对志愿者的培训是志愿者团队建设的重要环节。

（一）培训需求调研

太匆忙地实施培训，往往会忽视志愿者真实而具体的培训需求，忽略组织的每个培训措施是否恰当等问题。从而导致培训工作与组织的现实问题以及目标彼此脱钩。这不仅会造成巨大的培训成本浪费，而且还会产生培训无用的错误认识。因此，在培训之前一定要做需求调研。

（二）建立志愿者培训档案

应密切关注志愿者个人情况的变化，随时向档案增添新的内容，以保证档案的实用性。尤其注重志愿者素质、志愿者工作变动情况和培训历史等内容的记载。可参照志愿者人事档案、工作绩效记录等方面的资料来建立。

（三）了解受训志愿者的现状

志愿组织负责人应了解志愿者的工作方向，不同方向的志愿者有不同的培训需求。要关注志愿者喜欢的培训形式，培训形式上尽可能地丰富，避免内容相同的培训，这样才能强化培训效果。

（四）从不同角度分析培训需求

只有从不同的角度进行分析，才能知道志愿者想要什么和组织能够提供什么。培训需求分析必须从三个方面进行：志愿者个人的优缺点；服务对象的需求和现状；组织发展的长期需要。

（五）设计培训计划

“凡事预则立，不预则废”。培训计划，作为组织培训的组成部分，它决定了整个培训过程的成功与否。因此，制订一份规范、详细且实用的培训计划，可以确保培训工作的顺利开展和培训质量的提高。在制订计划之前，首先要对志愿者培训有个整体思考。

1. 训练目的

让志愿者清晰了解机构与服务的目标与期望；保障志愿者服务的素质；让志愿者能掌握足够的知识及技能，有信心地提供服务；让志愿者感受被尊重及工作被重视，增强对机构的归属感及对服务的投入感；增强志愿者与员工之间的合作联系和相互信任。

2. 制订培训计划

培训计划的制订是一个系统工作，在制订培训计划时要综合考虑各方面的因素，尽可能地突出培训计划的可操作性。因此，在编制志愿者培训计划时，要注重对编订程序的把握；任何计划的编制都需要遵循一定的程序，组织培训更需完善规划。计划制订程序如下：

首先，要根据组织面临的形势、发展需求和培训需求认识到培训的必要性，确立与培训发展总体方向相一致的目标。其次，结合外部环境和内部条件确定达到培训目标的最好的培训方案。接着，比较成本和收益，在培训方案的基础上制订具体的行动方针、编制具体的实施计划。最后，要进行培训效益分析。

培训计划应该对培训起指导作用，因此，对培训计划内容的界定十分关键，一份完整的培训计划应包括如下内容：

培训原因。培训原因主要体现和回答为什么要进行培训的问题。

培训目标。培训目标主要解决要达到什么样的培训效果。

培训对象。培训对象解决对谁进行培训的问题。

培训规模。较为专业的技术培训，规模都不宜过大；请名人做演讲培训，可扩大规模；采用讲授、刊论、个案研究、角色扮演等各种方式进行的培训，培训规模应控制在一个适度的范围内。

培训时间。专题报告一般安排半天到一天的时间即可。培训内容较为复杂的，一般要进行集中培训，时间也比较长。以提高岗位技能为特点的继续培训常常要分阶段来进行。

培训地点。主要解决在哪里进行培训的问题。针对个人的岗位技能培训，一般都安排在具体的工作岗位；其余的培训既可以安排在具体的岗位，也可以安排在特定的场所、教室进行。

培训教师。主要解决由谁进行培训的问题。个人自我发展训练，只要有工作经验的组织管理者或者志愿者作为指导教师即可；其余培训一般要请专兼职教师或经验丰富的管理者、督导、相关专家来作为教师。

培训方式。培训方式包括集中或是分散进行培训；边实践边学习；在职或是离职。

培训费用。将培训分为几大块来计算，如教师聘用、教学用具费用等，再将这些费用加在一起，虽精度不高，但简单易于操作。

以上是一般培训计划所包含的基本内容。

二、志愿者培训方式

在具体的执行过程中，组织者要根据具体的培训任务，对培训计划的内容进行相应的调整。不论多么完善的培训计划被制订出来以后，事情并没有完全结束。培训计划在实施过程中都会遭遇到一些难以预料的问题。产生这些问题的原因可能是计划并不适合组织的实际情况。也有可能是组织的外部环境和内部条件在计划实施过程中已经发生了变化。这时候我们要对计划作出相应的修改。只有这样，培训计划才能逐步完善，契合组织的实际需要。

正式的培训是在对志愿者正确定位的基础上进行的，培训将使志愿者为承担特殊的责任做准备。志愿服务组织应当为志愿者参与志愿服务活动提供必要条件，解决志愿者在志愿服务过程中遇到的困难，维护志愿者的合法权益。在志愿者培训中，有两个领域一般是要涉及的：

第一是志愿者工作的描述——为什么要做志愿者和为什么要成设定的工作，什么东西不能做，在特定环境下必须做的事情，等等。

第二是角色和责任——与什么人一起工作，责任定位。他人的角色定位。

对于志愿者的培训，不论使用什么方法，如正式培训、指导、咨询等，最重要的是要明确志愿者的知识是在实践中学到、从经验中获得的。而且没有千篇一律的培训方式，培训内容和培训方式因地、因人、因机构而不同，但培训本身是必须的。

志愿服务组织安排志愿者参与的志愿服务活动需要专门知识、技能的，应当对志愿者开展相关专业培训。开展专业志愿服务活动，应当执行国家或者行业组织制定的标准和规程。法律、行政法规对开展志愿服务活动有职业资格要求的，志愿者应当依法取得相应的资格。此类志愿者培训有多种方式，如讲课、小组讨论、技巧示范、实地参观、个案研究等，选择合适的训练方法对于志愿者的培训是否有成效至关重要。如何找到最适合目标活动的训练方法，需要考虑下列因素：训练的基本目标与性质，受训者的人数及场地，训练资料的妥备，财政及资源因素，时间因素，训练器材以及训练员对运用该项训练方法的能力及信心等。根据上述不同的方面具体问题具体分析，才能找到比较合适的模式。

（一）通识培训

进行通识培训的主要目的是使志愿者对有关服务机构、志愿服务的基本情况有个大致了解，并掌握一些基本的常识性知识。通识培训的内容往往较为浅显，易于教授和学习，主要从以下几个方面进行：有关服务机构，包括机构历史背景、人事组织架构及问责方式、有关政策、机构经费及资源、沟通及反映渠道等；有关志愿服务，包括志愿服务的概念、志愿者参与服务的意义和价值、志愿者的角色和责任、志愿服务目的及内容、志愿者职权范围等，有关具体工作，包括本次活动的具体计划、工作设备及有关人事安排等，并使志愿者对工作守则做基本掌握。

（二）专业技能培训

专业技能培训是建立在通识培训基础上的，对当次活动所需的特殊技能所做的培训，是对志愿者的进一步要求。如会议服务技巧、健康护理知识、如何面对临终病人或死亡，等等。另外，还需要志愿者根据不同活动的需要了解不同服务对象的需要差异（精神病患者、伤残人士、行动不便的老人、小孩及长期病患者等）。

（三）素质拓展培训

素质拓展培训有利于志愿者服务和沟通能力的进一步提高，可按个别需要于服务的初期提供或在工作过程中进行培训，训练专题包括有：基本问题解决的技巧、沟通及聆听的技巧、建立关系的技巧、社会资源的运用、自我了解及自信心提升等，目的是使志愿者面对各种突发状况都能够有效地开展工作。

（四）管理方法培训

管理方法的培训包括管理者和志愿者两个方面。

一是对管理者的训练。在实践中，志愿服务管理的问题主要因为大部分的管理者未能支持及认同志愿者参与的重要性，并缺乏技巧和知识有效地任用志愿者。因此，志愿组织的管理者担当着很重要的角色，需要在组织内举办工作导向活动，学习与志愿者合作和有效沟通的技巧。

二是对志愿者的领袖训练。这可以进一步提高志愿者的素质。一般活动中不须做此要求。可以在部分有能力且有兴趣的志愿者中进行，通过训练学习到分析问题、解决问题的方法，团队合作及互动技巧，志愿活动程序设计等。

第五节　志愿者的督导与激励

※

一、志愿者的督导

在志愿者服务期间，通过定期的督导可以帮助组织检视素质和水平，并对志愿者工作做出及时的指导和帮助。以达服务持续改善的目的。志愿服务组织的管理者要做到对志愿者行为的监控与督导，以便保证志愿行动顺利进行与之后工作计划的制订。[①]

（一）支持性督导

支持性督导给志愿者提供关怀，给志愿者以一种接纳、尊重的态度。给予志愿者心灵的支持，使他们在工作中保持积极的心态，消除心理防卫，在将工作做到更好的同时，保持良好的心情。

（二）行政性督导

行政性督导在志愿者具体的工作中进行，督导者对志愿者进行工作计划、分派、素质检查、行政协调和沟通，等等。通过这些手段使志愿者能够认同工作责任，踏踏实实工作，完成任务。

① 侯玉兰．社区志愿服务理论与实务 [M]. 中国社会出版社 ,2009:42.

（三）教育性督导

教育性督导在与志愿者日常沟通时进行，在日常交流时与志愿者分享心得知识、相关技术经验，在可能的条件下进行工作示范，对于志愿者而言，都是重要且有意义的。因为这些不仅可以提高他们的工作能力，更重要的是可以平衡他们的工作心态，以放松、开心的心态去工作，才能取得更好的工作效果。

二、志愿者的激励

志愿服务组织是一个有机体，在这个大的有机体里，个人和团体又好比是一个个小的生物有机体，只有当他们的需要得到满足时，志愿组织的有机体才会最有效率地工作。既然需要是人的行为之源，是人的积极性的基础和动力，也是我们进行志愿者激励的依据。那么，什么是需求？志愿服务组织应该如何满足志愿者在不同层次的需求？

志愿者在提供社会服务的同时，也希望获得自身利益，需求得到满足。当然，志愿者的利益诉求既不同于经济组织的物质因素，也不同于政治组织的权威因素，而是“事业共同体”中的自我激励。志愿者往往希望在动员、组织、操作过程中获得激励。①这是一个不断互动与建构的过程。也就是说，志愿者注重服务过程的不断自我激励，以及通过社会评价体系逐渐强化这种激励。

我国的志愿服务事业兴起之后，各方都在不断探索各种社会激励机制，从各个方面对志愿者的服务予以承认、进行奖励、提供回报。我们必须要区分的是志愿者追求回报与社会提供回报的区别。作为志愿者本人是不太关注社会回报，因为他们是怀着奉献爱心和充实精神等动机参与志愿服务的。可是，从社会角度而言，却应该对志愿者的服务给予奖励和回报。只有让志愿者得到激励，志愿服务事业才能持续不断地发展下去。志愿者应该受到社会的表彰，这样一方面可以弘扬志愿服务事业，吸引更多的人参与服务、帮助他人；另一方面让志愿者在服务过程中受到尊重、得

① 赵小平，卢玮静．公益参与与公共精神塑造的关系研究——以第三部门激励理论为视角 [J]. 清华大学学报，2014(5):167.

到理解，产生长期奉献社会的意愿。

志愿者激励机制的建设包括制度化措施、舆论的宣传和现实的回报等，既有宏观的导向性措施，也有微观的辅助性措施。

（一）社会荣誉型激励机制

这是一种比较常见的也是对志愿者最普遍的激励形式。大到政府颁发的“志愿者金奖”，小到街道社区颁发的“优秀志愿者奖励”等，都属于此种类型的激励机制。社会给予的精神激励、荣誉激励能够使志愿者感到服务的价值，产生服务的自豪感。

就目前的情况来看，志愿服务工作的外在荣誉激励机制由不同层次的称号组成。最基础的是志愿服务组织授予的荣誉，即志愿服务组织根据志愿者参与志愿服务的情况给予称号或授予荣誉。上一层是志愿服务组织主管机构授予的荣誉，即相关政府部门对志愿者团队、志愿者、志愿项目，根据服务效益和评估结果而进行评奖、颁发荣誉称号。更高层次是政府授予的荣誉，给予突出贡献的志愿者特殊称号，如“杰出志愿者”“志愿者金奖”等。不同层级荣誉激励的重点有所区别。政府授予的奖励，在社会上广泛宣传，同时享受一些政府荣誉称号的相应待遇。相关政府部门授予的奖励，在系统内部广为传播，提高了志愿者的公众影响力。志愿组织授予的荣誉，让获奖的志愿者在组织中得到尊重、感到自豪。根据一些调查来看，一方面政府和志愿组织的荣誉有限，只有少数精英能够获取，大部分人很难得到；另一方面，政府和社区的荣誉比较正规，不够灵活多样。因此，扩大志愿者的荣誉激励机制范围甚为关键，要设置灵活多变又富有人性的荣誉奖项，让获奖的志愿者感受到圈内外各界人士的称赞、表彰。

（二）社会回馈型激励机制

尽管大多数志愿者在从事志愿服务事业的时候，往往都出于高尚、无私的奉献动机，没有考虑需要什么回报，但是，整个社会必须要探索和建立志愿者服务的回报反馈机制。需要强调的是，志愿者提供志愿服务，应尽量不从受助对象处获得回报，否则就违背了志愿精神和志愿服务的宗旨，但同时社会要创造条件，让志愿者的服务可以获得社会回报。对社会回馈激励机制形式的探索是多种多样的。比如有些街道建立“时间银行”，借鉴义务献血的回报机制，制定相应制度，将志愿者为他人提供的服务折成小时数，存储在“时间银行”里，将来一旦需要，可以获得志愿组织提供的同等时间的服务；还有些地方采取的是“互助服务”的回报激励方式，把志愿者提供的服务项目和服务效果公示，让大家都知晓，一旦志愿者本人有需求，也能够获得大家的热情相助；还有些组织采取“服务转换”的回报激励方式，通过各种服务活动发掘志愿者的潜能，一旦单位或者企业有相应的职位、岗位、工作机会，优先考虑志愿者，充分发挥他们的才能。

（三）自我价值型激励机制

志愿服务能够提供机会让志愿者重新认识和发挥自己的价值，这是激励他们参与服务活动的重要因素。志愿者在参与志愿服务的过程中可以重新发现自己的价值、自己的作用，从而影响自我评价的改变。

有些志愿者在原有的职业中，因为处于较低的职位，受到日益激烈的职业竞争刺激，缺乏足够的信心。参加志愿服务组织后，通过志愿服务他们受到服务对象的欢迎，得到他人的肯定和赞许。因此，志愿者能够在志愿服务中重新发现和认识自己，调整人生的价值取向。特别是沿海开放城市的一些社区，对于过去社区中的“问题青少年”“边缘青少年”改变教育和服务方式后效果明显。以前采用的“帮教服务”的模式，明显体现教育者是一方，问题青少年是另一方，易使青少年产生抵触情绪。开展志愿服务活动之后，社区志愿组织成立“成长青少年”服务队，吸引“边缘青少年”参与活动。这些青少年在为他人提供服务的同时进行自我教育，能更好地改善自我。以前，“边缘青少年”被居民看不起，找不到自我的社会价值；如今，通过参与志愿服务，为居民提供帮助，真正融入了社区生活。

（四）自我成就型激励机制

志愿者在志愿服务活动中获得的成功感，对他们的激励作用非常明显。因为，志愿工作不在于承担多么重大、艰巨的任务，而在于从一点一滴做起，为社会和他人提供具体的帮助。在现代社会，人们对成功的要求较高，往往需要出色地完成任务、实现明显效益才觉得成功，这很容易让人产生压力。然而在志愿服务过程中，志愿者的热情、真诚付出容易得到他人的肯定，令志愿者产生成功感。志愿服务组织应该高度重视志愿服务的自我成就激励，对于志愿者提供服务的效果，要采取各种方式承认和肯定。而志愿者在受到鼓励之后，会千方百计创新服务形式、丰富服务内容，在为社会做好事的同时感受人生价值。

（五）自我发展型激励机制

志愿者在参与志愿服务组织之前，往往不会认为志愿服务对人的素质提升具有积极作用，但往往之后在回忆服务过程时，总会特别强调志愿服务的自我发展意义。这是因为，志愿服务能够给志愿者提供职业岗位之外的交往与实践机会，他们通过参与服务，提高交际能力、应对矛盾和解决问题的能力、非正式团体的领袖能力等。特别是一些青少年志愿者，从初期参与社会服务的实际操作，到参与策划、组织志愿活动，再到对新志愿者进行指导、培训。不知不觉中就成为有领袖才能的资深志愿者。如果将这些新培养的能力应用到职业生活中，志愿者的职业生涯就会发生变化，会越来越成功。

此外，参与志愿服务是提高人生境界、完善人格素质的有效途径。志愿者参与社区环境的建设与美化服务，为居民带来舒适环境；参与为社区老弱病残服务，解决弱势群体的实际困难；参与人际关系沟通与协调服务；参与创造和谐的社区氛围，在服务过程中使自己的精神得到陶冶、灵魂得到净化，有利于培养崇高的人生目标。

（六）自我愉悦型激励机制

志愿者的自我愉悦型激励机制，是指学会在志愿服务中寻找快乐。或者善于将忧愁情绪转化，获得愉悦的体验。只有快乐的志愿者才能够长期坚持进行志愿服务，因为他们不仅有付出，也有收获。所以，推动志愿者开展志愿服务的是奉献精神，但是维系志愿者长期坚持志愿服务的则是快乐激励。虽然，责任、事业心、热情、慈善心等对志愿者的影响很大，但是对于志愿者特别是青少年，在热情、激动过后就需要快乐激励机制。许多志愿者善于将志愿服务中遇到的各种因素转化为充实人生、调剂人生的快乐因素。

我国志愿服务的激励机制正逐渐建立起来。如中国青年志愿者协会进行“杰出青年志愿者”评选活动；上海社区志愿组织实施的“时间储蓄制度”；深圳义工联合会实施的“星级义工奖励制度”等。目前存在的问题是激励机制不够健全和完善，而且志愿服务组织的激励制度与社会激励体系本身未能密切联系，缺乏社会舆论的支持。一方面是缺乏科学性和系统性。志愿服务组织和志愿者凭经验进行激励，重复性、普遍性的激励因素多，逐渐深化、影响深层的激励要素缺乏。由于缺少深层次的激励，社会激励达到一定程度时效果就减弱，自我激励达到一定程度时就难以满足需求。如许多社区志愿服务组织设置最高奖项是“五星级”（个人志愿服务时长累计达到500小时），那么继续服务的志愿者就缺少激励方式了；另一方面是缺乏灵活创新。因为许多社会激励因素是由领导机构设置，没有广泛征求志愿者的意见，也没有让他们参与设计，奖励方式与内容单一、机械，缺少吸引力。由于志愿服务组织内部的自由交流、鼓励创新的氛围不足，志愿者的自我激励因素也受到思维制约，不够丰富多样。建设一个良好的组织氛围和文化，也是激励机制中不可或缺的部分。组织内部的互信、互动、互助和经常的沟通，以及民主、透明、公正的管理政策，是激发组织成员、形成团队凝聚力的重要条件。随着中国社会的发展，志愿服务必然越来越兴旺发达。探索更加富有活力的外向激励机制和自我激励机制，吸引广大志愿者参与志愿服务，对于搞好社会志愿服务，显得尤其重要。[①]

① 邵帅．志愿服务－新时期高校思想政治教育有效路径探析 [D]. 青岛科技大学 ,2011:7.

延伸阅读

关爱留守儿童

——曙光心理咨询师团队上门做心理辅导

在江苏省淮安市，有这样一个热心服务社会、关爱留守儿童的团队——曙光心理咨询师团队。据悉，他们每月都会组织志愿活动，走近留守儿童，关注他们的心理健康。

2020年7月31日上午，曙光心理咨询师团队来到清江浦区黄码镇甘露村，他们开展了留守儿童团体心理辅导活动，并引导他们形成健康心态。

在甘露村活动现场，曙光心理咨询师团队与15名留守儿童进行了互动。孩子们一开始都很腼腆，所以心理咨询师便和孩子们做游戏，鼓励他们自信、大胆地说出内心的想法。在心理咨询师的鼓励下，孩子们渐渐打开了心扉，也开始像和朋友交谈一样，对咨询师们吐露了内心的话。“我想爸爸妈妈了，但他们不让我到他们打工的地方去”“哥哥姐姐不跟我玩，我很孤单”“父母不在身边，爷爷文化水平低，没人辅导功课”“爷爷奶奶太啰嗦，管得太严了”……一句句从孩子们口中说出的独白，触动了心理咨询师王艳。心理咨询师王艳告诉记者，他们积极引导留守儿童换位思考，理解长辈，团结同学，广交朋友，帮助他们养成健康积极的心态。

当天，曙光心理咨询师还给女生们上了一堂《女童保护课》，让她们了解自己的身体，知道怎么保护自己，遇到危险该怎么解决，如“如果有人摸你的隐私部位，一定要拒绝，并及时告诉爸爸妈妈”等。

据了解，本次活动是清江浦区民政局“点亮心灯 温暖童行——关爱困境儿童心理成长项目”的一部分。暑假期间，曙光心理咨询师团队还为留守儿童提供了心理关爱等志愿服务。

思考题

1.志愿者的组织建设原则是什么？请简要概括。

2.为什么说组织建设有着非常重要的意义？请说明理由。

3.志愿者的招募选拔分为哪几个阶段？志愿者的培训方式可分为哪几种？

第七章

志愿者权益保护

志愿者参加志愿服务组织的目的是从事公益事业和为社会提供志愿服务，明确志愿者与志愿服务组织、志愿者与志愿服务对象之间的法律关系，有助于确立志愿者的法律地位，有助于明确志愿者享有的权利和义务，也有助于志愿者合法权益的维护，促进我国志愿服务事业的长期可持续发展。

第一节　志愿者与相关主体的法律关系

※

一、志愿者与志愿服务组织的法律关系

第一，志愿者与志愿服务组织之间不是行政管理关系。前文述及我国志愿服务组织有依法注册登记的非营利社会团体、从事志愿服务活动的机关、非营利的事业单位、社会团体和未登记注册的非正式志愿服务组织三种：当志愿者参加第一种志愿服务组织时，志愿服务组织作为社会团体是依照《社会团体登记管理条例》登记成立的，其与志愿者之间不存在行政管理关系；当志愿者参加第二种志愿服务组织时，虽然志愿服务组织可能为机关、事业单位等具有行政性的单位，但是当这些单位处于组织志愿服务的情形下，因为不是在执行行政事务，故而不具备行政管理权限，与志愿者之间不存在行政管理关系；当志愿者参加第三种志愿服务组织时，民间非正式的志愿服务组织显然不具有行政性，与志愿者之间也没有隶属关系，当然地两者之间不存在行政管理关系。

第二，志愿者与志愿服务组织之间也不是劳动关系。劳动关系，是指用人单位招用劳动者为其成员，劳动者在用人单位的管理下提供有报酬的劳动而产生的权利义务关系，一方面，志愿者与志愿服务组织之间没有签订劳动合同，另一方面，志愿者是无偿的，既不从志愿服务组织处获取报

酬，也不从服务对象处收取薪金。

第三，志愿者与志愿服务组织之间是一种特殊的合同关系。一般志愿者参与志愿服务是接受志愿服务组织的招募，这种招募可以视为要约邀请，而志愿者报名参与及志愿服务、志愿服务组织审核确认则分别为要约和承诺，符合合同成立的要件，双方已达成合同关系。同时，志愿者与志愿服务组织之间的合同因为不具备通常合同所有的经济利益而享有其特殊性，是不存在经济利益的合同关系。

同时，在国家《志愿服务条例》中也有与志愿者和志愿服务组织的法律关系的相关规定，如：

第十二条规定：志愿服务组织可以招募志愿者开展志愿服务活动；招募时，应当说明与志愿服务有关的真实、准确、完整的信息以及在志愿服务过程中可能发生的风险。

此外，一些志愿服务组织也是慈善组织，在我国的《慈善法》中也有相关条例：

第六十一条规定：本法所称慈善服务，是指慈善组织和其他组织以及个人基于慈善目的，向社会或者他人提供的志愿无偿服务以及其他非营利服务。

慈善组织开展慈善服务，可以自己提供或者招募志愿者提供，也可以委托有服务专长的其他组织提供。

慈善组织安排志愿者参与可能发生人身危险的慈善服务前，应当为志愿者购买相应的人身意外伤害保险。

二、志愿者与志愿服务对象的法律关系

志愿服务重点在于帮助弱势群体、改善社会环境，根据志愿服务内容的不同，志愿者的服务对象也各不相同，可以分为特定的服务对象和不特定的服务对象：老年人、残疾人、孤儿、社会优抚救助对象、灾区受难群众及贫困地区人员往往是志愿服务中的特定服务对象；城市志愿服务、社区志愿服务的服务对象往往是城市或社区范围内需要一些特定服务的群体；大型活动志愿服务中志愿者通常服务于参与活动或观看活动的不特定群体；特殊志

愿服务的服务对象因服务主旨不同而有所差别，一般为对某领域有兴趣和希望了解特定知识的人，如环境保护、健康卫生等公益事项。

志愿者在提供志愿服务时，往往是以志愿服务组织的名义提供服务的，志愿服务组织与服务对象之间直接形成服务关系，志愿者个人并不与服务对象形成直接的法律关系。志愿者不从志愿服务对象处获取报酬，排除劳动关系的可能性。志愿者与志愿服务对象双方均有平等、互相尊重的权利和义务，在提供志愿服务过程中，志愿服务对象不得向志愿者提出超出服务范围的要求，而志愿者亦有权拒绝服务对象的不合理服务请求。

第二节　志愿者权益保护及立法的意义

※

一、保证志愿服务事业发展的基础

据统计，截至目前，我国各省区市、三分之二以上的地（市）和部分县以及高校、企事业单位等成立了志愿者协会，全国已建立了43万多个志愿服务组织，其中注册的志愿者将近2000万人，初步形成了以社区志愿服务组织、青年志愿服务组织为主体，红十字志愿服务组织、巾帼志愿服务组织、企业志愿服务组织、民间志愿服务组织、网络志愿服务组织等团体积极参与的志愿服务组织体系。与我国志愿服务事业蓬勃发展、志愿者队伍日益壮大相对应，志愿者在为社会发展和公共利益付出时间、精力的同时，却会遭遇自身权益受到损害且难以得到补偿的困境。由于我国志愿服务事业起步较晚，志愿服务实践运作尚处于起步阶段，相关法律法规及政策规划等尚不健全，志愿者的法律地位不够明确，其权益也没有充分的法律制度保障。同时，志愿服务组织管理体系繁杂不统一，相关志愿者权益的保障、救济系统也有所欠缺，因此急需符合中国现实国情需要和价值取向体系的统一性、规范性志愿服务管理系统与权利保障机制。法规和制度的缺位和滞后导致我国志愿者权益受到损害现象不断出现和升级，志愿者面临着自身权益不明，在志愿服务活动中受到损害无法获得补偿，不知向什么组织、什么人申请赔偿，现有途径不能确保赔偿到位的尴尬境遇。

二、完善我国社会保障体系的需要

我国社会保障体系的宗旨在于保障社会稳定，人们安居乐业，实现国民收入再分配，缩小贫富差距，缓解因年老、疾病、意外灾害等因素造成的不公平矛盾。目前我国的志愿者在大型活动、社区文教、城市管理、社会服务、救援抢险以及环境保护等诸多领域发挥着越来越重要的作用，其中扶贫救困、支教下乡等在志愿服务中占有较大比重，重点服务对象为老年人、未成年人、残疾人、优抚人员等需要帮助的困难、弱势群体，其社会功效与社会保障是不谋而合的。

我国现有的社会保障体系尚不完善，目前主要是从金钱上来保障公民的生活，存在方式单一，无法多层面保障公民的问题。而志愿服务具有形式多样化，服务深入社区，贴近生活等多方面的特性，能够切实帮扶弱势群体，通过多种服务方式达到社会保障的目的，可以弥补我国现阶段社会保障体系的主要依靠资金救助的不足。志愿者权益保护的立法，能够保证志愿者全身心地投入到志愿服务活动之中，充分发挥志愿服务的社会保障作用，形成社会保障的多渠道、多层次结构，完善我国的社会保障体系。①

三、促进精神文明、构建和谐社会的途径

正是由于志愿者自愿付出，不计报酬，促进人类发展，推动社会进步和改善公共环境的精神，才使得志愿服务能够提升社会素质，促进社会文明，缓解社会矛盾，保障社会和谐。正是由于志愿者无私地奉献、关爱他人，才使得志愿服务有益于弘扬传统美德，增强慈善公益，充实精神世界，对社会、经济、文明等各方面进步起着重要作用。志愿者的权益保护立法不仅直接保障志愿者个人的切身利益，而且能够间接地加强公民道德建设，提升公益意识，提高市民素质，推进城市文明程度，弘扬社会新风，促进社会

① 熊正妩．我国志愿者权益保护法律问题研究 [D]. 西南大学 ,2012:25.

进步，对志愿者个人社会价值的实现，志愿服务长期开展乃至整个社会福利的改善与精神文明的发展都具有十分重要的支持和促进作用。

我国必须通过完善志愿者权益保护相关的法制建设，明确志愿者的法律地位和合法权益，确立科学的志愿服务监管体系，构建志愿者纠纷处理及权利救济机制，才能切实地保障志愿者的权益在志愿服务中不受侵害。通过保护志愿者权益立法，坚定我国志愿者的服务信念，加大志愿服务的社会化进程，实现我国志愿服务事业可持续发展，促进社会文明进步和构建和谐社会。

第三节　国内外志愿者权益保护的现状

※

一、国内志愿者权益保护现状

近年来，随着我国经济社会的发展，对外交往的进一步扩大，加上自然灾害的频繁发生，志愿者的地位和作用越来越突出。但是我国尚没有国家层面的志愿服务立法，仅在《中华人民共和国国民经济和社会发展第十二个五年规划纲要》和《中共中央关于构建社会主义和谐社会若干重大问题的决定》中倡导了广泛开展志愿服务，建立完善社会志愿服务体系；同时，在我国现行的可适用于志愿服务组织的法规体系中，仅有《社会团体登记管理条例》和《民办非企业单位登记管理暂行条例》两个条例，《基金会管理办法》一个办法和《公益事业捐赠法》一个专门法。

地方立法方面，自1999年广东省颁布了我国第一部志愿服务地方性法规《广东省青年志愿服务条例》以来，全国各省市陆续通过专门的志愿服务条例，我国志愿服务立法已取得初步成果。根据团中央的数据统计显示，目前我国已有18个省、直辖市、自治区，以及成都、杭州、济南等十几个较大的市出台了志愿服务地方性法规，这些地方志愿服务条例推动了当地的志愿服务开展，对将来统一、专门的志愿服务立法有借鉴和参考意义。

制定全国统一的志愿服务法律法规开始受到人们关注并逐渐被上议程，有全国人大代表在2008年全国人民代表大会上提出了关于制定《中国志愿服务促进法》的议案，又于2009年在全国人民代表大会上提出了《乘奥运东风，加快〈中国志愿服务促进法〉立法工作》议案，引起有关部门的重视。志愿服务是社会文明进步的重要标志，有法可依、有章可循是志原服务健康发展的重要保证。中央高度重视志愿服务法制建设。2017年8月22日国务院正式发布了《志原服务条例》，同年12月1日施行。《志愿服务条例》对志原服务的立法目的、管理体制、权益保障、活动规范、促进措施、法律责任等年出了系统规定，为保障志愿者、志愿服务组织、志愿服务对象的合法权益，鼓励和规范志愿服务，发展志愿服务事业提供了有力法治保障。一年来，民政部会同中央文明办积极推动《志愿服务条例》的学习宣传和贯彻落实，依法开展志原服务的社会认知已经逐步形成，志原服务工作近入了法治化的发展轨道。现在《中华人民共和国志愿服务法》正在草案的起草过程中，2010年全国人大内务司法委员会就《中华人民共和国志愿服务法（草案初稿）》已在各地开展调研活动，并听取群众的意见和建议。在党的十八大和十八届五中全会时，有代表也建议，应当尽快制定《中华人民共和国志愿服务法》。相信在不远的将来全国统一的志愿服务立法能够顺利通过，以完善我国的志愿服务法律制度，保障志愿者权益不受侵害，促进志愿服务事业健康长期发展。

二、国外志愿者权益保护现状

国外发达国家的志愿服务经过长时间的发展和完善，在立法方面积累了丰富的经验，法律体系比较完整，有力地推动了社会建设和社会发展。本书从中选取了美国、英国、德国三个具有代表性的国家，通过比较分析这些国家的志愿者权益保障的立法概况。

（一）美国

美国作为世界上最发达的资本主义国家，志愿服务起步早，其关于志愿者立法方面的法律法规众多，并且内容详细、体系完备，是世界上最全面的志愿者立法体系之一。1973年，美国通过了《国内志愿服务法》，目的在于促进和扩大全国各社区的志愿服务，以帮助贫困、处境不利的弱势群体和老年人。该法案提出设立一个专门的联邦机构来解决志愿者在志愿服务过程中遇到的特殊问题，详细规定了志愿服务组织的目标、服务领域和资金，明确了志愿者的资格条件、权利等。此后，该法案通过修正案的方式多次修改，不断完善。1997年，美国又颁布了一部非常重要的法律，即《志愿者保护法案》。该法案旨在通过限制并在许多情况下完全消除志愿者在为非营利组织或政府机构行事时承担侵权责任的风险，从而促进志愿服务事业的发展。这部法律详细规定了志愿者在志愿服务中承担法律责任的情形以及权益受侵害时的救济途径，对保障志愿者的合法权益起到了非常重要的作用。

在美国，志愿服务组织属于非营利组织，服务领域非常广泛，其资金来源主要有联邦政府、州政府、基金会、企业以及私人的捐助。其中，最重要的来源是其自身的商业性收入，其次是政府拨款，私人捐款所占比例较小。此外，美国基金会实力强大，资金雄厚，能为志愿服务提供强有力的支持。而且，在美国从事志愿服务，志愿者可以获得一定的经费补助，如“获得国家教育志愿服务教育资金资助的志愿者，项目还将会为志愿者提供服务期间的住房、交通、医疗等必要的补助。”

（二）英国

英国属于英美法系国家，以单行法规和判例法为主，没有统一的志愿服务法。由于历史传统，志愿服务活动在英国开展较早，发展较快，现如今已深入人心，越来越受到英国民众的认可和重视，志愿服务组织也获得了长足发展，越来越成熟和完善。1601年，伊丽莎白女王颁布《济贫法》。这部法律第一次提到志愿服务的内容，制定的主要目的是救济贫困者。该法规定每个教区都要照顾自己管辖范围内的穷人，如果这些穷人不能工作，各教区负责向有钱人征收济贫税来帮助这些穷人生存，此外，教区还可以给失业者介绍工作，安排未成年的孤儿学业。后来，英国政府又制定了《济贫法（修正案）》，这部法律强化了教区对贫困者的管理，规定国家和社会有义务对社会弱势群体进行救助。此外，英国的一些判例法也对志愿服务活动做出了规定，鼓励本国青年参加志愿服务，要求学生走出校园参加一定期限的志愿服务。

在英国，志愿服务活动有充足的资金支持，志愿服务组织的资金来源呈现多元化的特征。对从事第三产业的志愿服务组织来说，组织自身获得的合法的商业性收入是其主要经费来源。对服务于学校和科研机构的志愿服务组织来说，政府的财政支持是其正常运作的最重要物质保障。对一些社会服务部门，个人的捐赠占很大一部分。

（三）德国

德国是大陆法系国家的代表，其立法以严谨闻名于世界，志愿服务单行法律比较发达。为了鼓励公众参与，1964年，德国颁布了《奖励志愿社会年法》。1993年，德国又颁布了《奖励志愿生态年法》，目的在于唤醒人们的环保意识。两部法律都鼓励青年抽出一定时间参与社会公益事业，同时，参与服务的志愿者享有一些特殊权利，在旅游、税收、就业等方面享有优惠政策。2002年，德国对上述两部法律进行了修改，修改后的法律扩大了志愿服务的范围，允许志愿者到境外从事志愿服务，并且取消了志愿者年龄下限的规定。2011年7月1日，《联邦志愿服务法》正式生效。该法主要是对以前有关志愿服务的法律法规的总结和补充，为了鼓励更多的人参与志愿服务事业。其补充规定了一些新的内容，如延长了志愿服务期限，增加了志愿者的参与管理权等。此外，德国非常重视对志愿者的教育和培训，参加服务前，志愿者通常要接受近一个月的岗位培训，会有专业知识非常扎实的老师全程教导他们，帮助他们提升自己的工作能力和水平。

第四节　法律对志愿服务组织的保障

志愿者在志愿服务过程中，其本身的合法权益有时得不到有效保护，比如：常有志愿者被志愿服务对象当作免费劳动力而不正当地使用，志愿者的人格得不到应有的尊重；有的志愿者因为参加志愿服务，得不到原单位的理解、宽容而遭到惩罚甚至开除，经济上得不到保障；有些服务领域，志愿者的人身安全无法得到有效保障，志愿者的人身、财产权因从事志愿服务而遭受非正常减损，但“求赔无门”等。

如此种种，严重地挫伤了志愿者的积极性，一些原本对社会公益事业一腔热血的志愿者因为权益得不到保障而从志愿者队伍中流失，最终危及志愿服务事业的根基。现有的各级志愿服务条例针对上述问题，专门对志愿者的权利、义务进行了规定。根据共青团中央颁布的《中国注册志愿者管理办法》第七条的规定，注册志愿者享有如下权利：参加志愿服务活动；接受相关的志愿服务培训；要求获得从事志愿服务的必需条件和必要保障；优先获得志愿服务组织和其他志愿者提供的服务；对志愿服务工作提出意见和建议；相关法律、法规、政策所赋予的权利；可申请取消注册志愿者身份。

虽然各地关于志愿者权利的表述不尽相同，从性质上可以大致归纳为这样几个方面。

自由权，包括参加志愿服务活动的自由和退出志愿服务组织的权利。

参与权，包括参加有关志愿服务的教育和培训、参与志愿服务计划的拟定、设计、执行及评估。

保障权，包括获得从事志愿服务所必需的条件和必要的保障，请求组织帮助解决在志愿服务过程中遇到的实际困难。

监督权，对志愿服务组织提出建议、批评与监督。

需要注意的是，要加强和完善对志愿者权益的保障，应该在规定其权利的同时，明确相应的义务主体及其不履行相应义务的法律责任。权利必有与之相对应的义务主体，否则权利人的权利就形同虚设。甚至即便有了义务主体但主体责任并无规定或无明确的责任机制，权利也存在着无法实际得以保障的可能性。

延伸阅读

爱心之路——曹益飞

他创办了南通市知名的志愿者团队——南通彩虹之心义工社，带领着一群“战友”，向贫困山区捐赠衣服35万多件，课桌椅、电脑等物资价值20多万元。

他是曹益飞，一名退伍军人，也是温暖着贫困山区孩子的一朵太阳花。2019年2月，曹益飞被江苏省委宣传部、省文明办授予江苏“最美志愿者”荣誉称号。

据曹益飞说，他在退伍之后走上公益道路源于“衣加衣”温暖行动——就是倡议东部地区的人将闲置衣物捐赠给西部贫困地区有需要的人。曹益飞得知此消息后，第一时间接下了这个公益项目，并在南通建立全国第一批收衣点。在他的呼吁下，越来越多的爱心人士加入这项活动。最多的时候在网上建立了5个收衣爱心群，一天会接打200多个电话。整个2011年冬季，有上千人次义工参与到活动当中，累计为西部贫困地区送去衣物8万余件，学习用品、体育用品等物资价值10多万元。他说，正是参与者的热情与善心，让他坚定了将这条路走下去的决心。2012年，曹益飞成立了南通彩虹之心义工社和南通地区第一个民间公益组织的专项基金“彩虹之心专项基金”，由此开启了自己的爱心之路。

在发放爱心物资的过程中，从孩子们一双双充满渴求知识的目光中，他意识到，比衣物更重要的是帮助他们走出大山，改变命运。于是在他的带领下，彩心社先后发起了彩虹之心图书室、温暖冬衣、一对一助学、慈善拍卖、公益集市等多项公益行动。自2012年3月成立以来，彩虹之心义工社累计为贫困山区捐赠衣服35万多件，文体用品6千余件，建立了29个彩虹之心图书室，捐赠图书3万多册，为6个学校提供各类学习用品、体育用品、课桌椅、电脑等硬件物资约20万元。改善了教学条件，资助患病儿童79033元，救助了多名白血病儿童，并结对助学94名贫困生。

“爱心传递，获得多方赞誉。”在曹益飞看来，彩心社的价值不仅在于捐出去多少衣物和物资，更在于通过活动，让更多的普通人参与到公益中来。“彩心社的公益力量日益壮大，从起初的十几人，到目前拥有的注册志愿者253名，参与活动的爱心人士超过5000名。”谈起对公益理念的传播，曹益飞腼腆的脸上流露出一丝骄傲。

曹益飞带领团队的日行善举不仅温暖了南通这座城市，还感动了云南、四川、新疆等地许多素不相识的人。帮助的地区从云贵川到西部的甘肃、新疆、青海、西藏，最远的到达了与中国交界的缅甸。

彩心社的公益活动得到了社会各界的认可和高度赞誉：获得南通市第36次文明新风典型；“情暖阿合奇”项目在首届中国青年志愿服务项目大赛上获银奖；“公益集市”项目获首届省志交会银奖，获评中华儿慈会优秀项目。而孩子们最暖心的大哥哥，也在2019年被评选为江苏最美志愿者。如他所说:“我们每个人做的事情很有限，但汇聚在一起就是爱的大洪流；我们每个人挽起手，就能架起一座爱的彩虹桥。”在做公益的这几年，曹益飞坚持着、实践着，做到了不忘初心，始终如一。

思考题

1.与志愿者权益保护相关主体有哪些？简述他们之间的关系。

2.结合实际情况，谈一谈对志愿者权益保护必要性的理解。

3.志愿者权益立法有哪些优点？简述你的见解。

4.对比国内外志愿者权益保护的现状，思考国内志愿者权益保护措施的不足。

参考文献

[1]巴金.克鲁泡特金全集(第十卷).伦理学的起原和发展[M].平明书店,1941.

[2]北京志愿者协会.走近志愿服务[M].中国国际广播出版社,2006.

[3]侯玉兰.社区志愿服务理论与实务[M].中国社会出版社,2009.

[4]佘双好.志愿服务概论[M].武汉大学出版社,2013.

[5]陶倩.当代中国志愿精神的培养研究[M].上海人民出版社,2013.

[6]杨寄林.太平经[M].中华书局,2013.

[7][美]亚伯拉罕·哈罗德·马斯洛.动机与人格[M].北京燕山出版社,2013.

[8][英]查尔斯·罗伯特·达尔文.物种起源[M].译林出版社,2016.

[9]陈仁,杨兆山.理性道德与个体灵魂觉醒——教育何以作为“个体启蒙”的实践[J].基础教育,2015.12(2).

[10]郭霞.发掘传统文化“和谐”基因,构建社会主义和谐社会[J].山东省青年管理干部学院报,2006(5).

[11]姜生成,张涛涛,张金棒.北京奥运会志愿者培训遗产体系及分类的研究[J].当代体育科技,2012.18(2).

[12]金添.现阶段大学生志愿服务活动问题与研究[J].中国科技投资,2013(Z1).

[13]敬亚轩.萃取人文精华,传承恒久价值——读丁永忠教授主编的《人文素质教育读本》[J].重庆教育学院报, 2010(1).

[14]李哲.国外志愿服务概况[J].精神文明导刊,2010(8).

[15]刘晓燕.志愿者文化及其在中国的发展研究[J].社科纵横:新理论

版,2013(2).

[16]任飞.青年志愿者组织的社会功能研究[J].中国青年研究,2015(3).

[17]谭建光,周宏峰.中国志愿者:从青年到全民——改革开放30年志愿服务发展分析[J].中国青年研究,2009(1).

[18]田思源.我国志愿服务立法的现状及构想[J].法学,2008(5).

[19]张晓红,李凌.论北京奥运志愿者精神与社会主义核心价值观体系[J].西南民族大学学报,2009(9).

[20]赵小平,卢玮静.公益参与与公共精神塑造的关系研究——以第三部门激励理论为视角[J].清华大学学报,2014(5).

[21]陈运新.克鲁泡特金互助论伦理思想研究[D].湖南师范大学,2008.

[22]樊瑾.非赢利组织志愿者角色认同研究[D].上海社会科学院,2006.

[23]邵帅.志愿服务–新时期高校思想政治教育有效路径探析[D].青岛科技大学,2011.

[24]熊正妩.我国志愿者权益保护法律问题研究[D].西南大学,2012.

[25]张祖冲. 志愿精神中志愿者责任意识的培育研究[D].上海大学,2016.

[26]本刊记者.世界在你眼前,我们在你身边——上海世博会外籍记者[J].国际人才交流,2010.